Wunibald Müller

Hörst du das Lachen der Schmetterlinge?

Wunibald Müller

Hörst du das Lachen der Schmetterlinge?

Den eigenen Grund finden

Vier-Türme-Verlag

Die Deutsche Bibliothek – CIP-Einheitsaufnahme
Ein Titeldatensatz für diese Publikation ist bei
Der Deutschen Bibliothek erhältlich.

1. Auflage 2002

Umschlaggestaltung: Elisabeth Petersen, München
Umschlagbilder: Hintergrund: W. Krecichwost (Zefa, Düsseldorf),
Schmetterlinge: Getty Images, Hamburg
Satzentwurf: Elisabeth Petersen, München
Satz: Vier-Türme GmbH, Benedict Press, Münsterschwarzach
Druck und Bindung: Friedrich Pustet, Regensburg
ISBN 3-87868-279-4

INHALT

wer schmetterlinge lachen hört,
der weiß wie wolken schmecken.
der wird im mondschein, ungestört von furcht,
die nacht entdecken.

wer mit sich selbst in frieden lebt,
der wird genauso sterben;
und ist selbst dann lebendiger
als alle seine erben. [1]

Carlo Karges
von den Romantik-Rockern Novalis
(† 30. Januar 2002)

Wer kommen will in Gottes Grund,
in sein Innerstes,
der muß zuvor kommen
in seinen eigenen Grund,
in sein eigenes Innerstes;
denn niemand vermag Gott zu erkennen
– er muß zuvor sich selbst erkennen. [2]

Meister Eckhart

Für Pierre Stutz

Vorwort

Es gibt Zeiten in unserem Leben, die uns deutlich an unsere Grenzen heranführen. Zeiten, in denen wir nicht mehr wissen, wie es weitergeht. Wir kommen nicht voran, bleiben stehen, drehen uns im Kreis. Bis wir entdecken: Wir können nicht weitergehen, und es geht auch nicht darum weiterzugehen. Es geht darum zu *Grunde* zu gehen. Wir müssen in unsere Tiefe, in unseren *Grund* gehen. Was aber heißt das, in die Tiefe zu gehen, uns aufzumachen, um unseren Grund zu entdecken?

Die Erfahrungen, die ich hier beschreibe, unterscheiden sich von allen anderen Erfahrungen, die ich bis zu diesem Zeitpunkt in meinem Leben gemacht habe. In der doppelsinnigen Bedeutung des Wortes vom »zu Grunde gehen« finde ich die beste Erklärung für das, was in dieser krisenhaften Zeit passiert ist. In mir ist etwas zugrunde gegangen, zerstört worden, eingestürzt, was mich bis dahin getragen hatte. Um einen neuen Sinn, vor allem aber einen neuen Halt zu finden, mußte ich tiefer in meinen Grund vordringen, ja vielleicht das erste Mal in meinem Leben überhaupt mit dem Grund meiner Seele in Berührung kommen. Der Weg dorthin, war manchmal nahezu unerträglich. Doch als ich ihn gegangen war, waren die Erfahrungen, die damit einhergingen, unsagbar schön, wohltuend und heilend.

Ich erlebte diese Krise vornehmlich als eine spirituelle oder religiöse Krise. Ich hatte den Kontakt zu *Dem* verloren, *Der* mich letztlich trägt. Ich spürte nicht länger seine Umfassung, fühlte mich nicht länger eingebunden in etwas, was größer ist als ich. Enttäuschungen über mich und andere Menschen, denen ich vertraut hatte, waren der äußere Anlaß dafür. Mein Weltbild war zusammengebrochen. Mein Vertrauen in Menschen aus den Angeln gehoben. Doch das war nur der äußere Anlaß. Es war wohl einfach eine Zeit gekommen, die im Leben eines jeden Menschen einmal kommen muß. Die Zeit, die, läßt man sich auf sie ein, dazu führt, daß man lernt, tiefer zu sehen. Eine Zeit, die einen über menschliche Enttäuschungen und Grenzerfahrungen zum eigenen Grund finden läßt, der tiefer gründet als jede menschliche Beziehung. Den Grund, der im Ewigen, in Gott gründet. Es ist die Zeit, in der wir uns darauf einlassen, jene Erfahrung zu machen, von der Carl Gustav Jung schreibt: »Wenn man versteht und fühlt, daß man schon in diesem Leben an das Grenzenlose angeschlossen ist, ändern sich Wünsche und Einstellung. Letzten Endes gilt man nur wegen des Wesentlichen, und wenn man das nicht hat, ist das Leben vertan.«[3]

Ich kann mir nur sehr schwer vorstellen, daß es Menschen gibt, denen solche Erfahrungen vollkommen unbekannt sind. Aus meiner Erfahrung als Psychotherapeut und Seelsorger weiß ich, daß in bestimmten Phasen unseres Lebens, vor allem in der Mitte unseres Lebens, solche Erfahrungen geradezu notwendig sind, um den Nachmittag und Abend des Lebens sinnvoll verbringen zu können. Das war mir selbst in der größten Dunkelheit und Verzweiflung bewußt, und dieses Wissen hat mir geholfen, nicht aufzugeben, den Weg in die Tiefe bis zum Ende zu gehen.

Auf den folgenden Seiten lasse ich dich, liebe Leserin, lieber Leser, an meinen Erfahrungen, über die ich ein Tagebuch führte, teilhaben. Es sind nicht *alle* meine Erfahrungen. Manche gehören nur mir. Andere tausche ich nur mit Menschen aus, die mir sehr vertraut sind. Aber es sind *wesentliche* Erfahrungen von mir. Es ist für mich wichtig, zu ihnen zu stehen.

Der größte Teil der hier abgedruckten Tagebuchaufzeichnungen, mit denen ich zunächst in meinem Alltag zu Hause begonnen hatte, entstand während eines dreiwöchigen Aufenthalts in einem Haus der Stille. Ich hatte in dieser Zeit einen geistlichen Begleiter zur Seite, meditierte am Morgen, Mittag und Abend, ging viel in den Wäldern der Umgebung spazieren und traf mich am Abend mit anderen Gästen und Mitarbeitern des Hauses zum gemeinsamen Mahl und zum Austausch.

Die Erfahrung des Zu-Grunde-Gehens verläuft in bestimmten Phasen. Vor allem aber handelt es sich dabei um einen Prozeß, bei dem man einmal mehr, einmal weniger weiter bzw. tiefer kommt. Du glaubst: »Jetzt ist es soweit, jetzt habe ich es geschafft.« Um am nächsten Tag wieder von den alten, bedrückenden Gefühlen eingeholt zu werden. Und auch, wenn du ›durch‹ bist, wird es immer wieder Rückfälle und Nachbeben geben. Zugleich wirst du aber auch zunehmend spüren: »Ich habe es geschafft. Es ist etwas geschehen, in mir hat sich etwas verwandelt.« Dieses ›Auf und Ab‹, diese Wiederholung mancher Phasen im Prozeß des Zu-Grunde-Gehens spiegelt sich auch in meinen Aufzeichnungen wieder.

Meinen persönlichen Tagebuchaufzeichnungen, die jeweils auf der rechten Seite des Buches stehen, habe ich Texte gegenübergestellt, in denen ich dich, liebe Leserin, lieber Leser, direkt anspreche und dir zu erklären versuche, was im Prozeß des Zu-Grunde-Gehens geschieht. Dabei beziehe ich oft Aussagen anderer Männer und Frauen mit ein, die Ähnliches wie ich erlebt haben. Du kannst meine Tagebucheintragungen und den jeweils gegenüberliegenden Text als eine Einheit sehen und jeweils eine Doppelseite gemeinsam lesen. Sowohl die erklärenden Texte als auch die Tagebucheintragungen können jedoch auch als für sich stehende, durchgehende Texte gelesen werden.

Ich will dir, liebe Leserin, lieber Leser, Mut machen, ebenfalls zu Grunde gehend wieder mit deinem Grund in Berührung zu kommen, wenn du in eine ähnliche Situation gerätst oder geraten bist. Ich will dich dafür sensibler machen, zu erkennen, wann es für dich Zeit ist, dich diesem Prozeß zu stellen, dir eine Pause zu gönnen, die das bisherige Leben unterbricht und unterbrechen soll, damit es auf einer anderen, tieferen Ebene weitergehen kann. Diese Zeit kann eine große Herausforderung, zugleich aber auch eine große Chance sein. Sie ist eine Chance umzukehren, radikal, also von der Wurzel, vom Grunde her eine Veränderung, eine Wende in deinem Leben herbeizuführen. Jetzt auch das zuzulassen, was du bisher noch nicht zugelassen hast, das anzunehmen – vor allem auch die Schattenseite, die unbeleuchtete, dunkle Seite deiner selbst –, was du bisher verdrängt oder nicht berücksichtigt hastt. Es ist eine Zeit der Verwandlung, in der Altes verabschiedet wird und zugrunde geht, damit Neues entstehen und erblühen kann.

Es gibt viele Menschen, denen ich dankbar bin für ihre Hilfe in der Zeit der Krise und für ihre Hilfe bei dieser

Veröffentlichung. An dieser Stelle möchte ich daher meiner Frau, meinen Kindern und Pierre Stutz danken. Danken will ich auch Daniela Maiwald, Esther Ganhör, Ulrike Fässler, Monika Kurmann, Antoine Galliker und Helmut Jehle. Andreas Wagner vom Vier-Türme-Verlag danke ich für wichtige Anregungen und den sensiblen Umgang mit meinen Texten.

Wunibald Müller

I. ZU-GRUNDE-GEHEN

Im Innern, im Grund des Menschen,
da hat Gott den Ort seiner Ruhe erwählt;
da findet er seine Freude.
Wenn einer das täte:
den Grund wahrnehmen, von innen,
und alle Dinge lassen
und sich in den Grund kehren!
– Doch das tut niemand.
Und dabei geschieht es oft,
daß der Mensch in seiner äußeren Tätigkeit
zehnmal gemahnt wird,
sich nach innen zu kehren.
– Doch er tut es noch immer nicht. [4]

Johannes Tauler

Mache dich auf den Weg in dein Inneres

Irgendwann in deinem Leben mußt du den Gang in das Innerste deines Selbst antreten. Es ist der Abstieg in den tiefen Abgrund, wo Oberflächliches erkannt und überwunden wird, wo du in der Erfahrung des ›Nichts‹ und der ›Leere‹, des ›bodenlosen Abgrunds‹ schließlich einen neuen Boden, einen neuen Seinsgrund findest, der dich zu tragen vermag.

Sehr eindrucksvoll beschreibt diesen Weg der Theologe Teilhard de Chardin:

»So habe ich also, vielleicht zum ersten Mal in meinem Leben ... die Lampe genommen, und so bin ich, den anscheinend hellen Bereich meiner alltäglichen Beschäftigungen und Beziehungen verlassend, in das Innerste meiner selbst hinabgestiegen, in den tiefen Abgrund, aus dem, das spüre ich verworren, mein Handlungsvermögen hervorgeht. Doch in dem Maße, wie ich mich von den konventionellen Evidenzen entfernte, die unser Leben oberflächlich erhellen, wurde ich mir darüber klar, daß ich mir selbst entglitt. Mit jeder hinabgestiegenen Stufe zeigte sich in mir eine andere Gestalt, deren genauen Namen ich nicht nennen konnte und die mir nicht mehr gehorchte. Und als ich meine Forschung einstellen mußte, weil der Weg unter meinen Schritten fehlte, lag zu meinen Füßen ein bodenloser Abgrund, aus dem, ich weiß nicht woher kommend, der Strom heraus kam, den ich wirklich *mein* Leben zu nennen wage.« [5]

Tagebuch 2. April

Ich sitze zu Hause auf der Veranda. Ein milder Frühlingsabend umfängt mich.

Ich sehne mich danach, die Schmetterlinge lachen zu hören. Es gibt im Augenblick keine größere Sehnsucht in mir. Ich will *sie* lachen hören. Ich will mich auf ihre Wellenlänge einstellen können. Ich will in ihre Welt eintauchen. Ich will den Schmetterlingen folgen. Davon verspreche ich mir Frieden, Leichtigkeit, Befreiung. Davon verspreche ich mir Leben – einfach zu leben.

So bin ich bereit, euer Lachen zu hören. Ich will euch so lange lauschen, bis ich euer Lachen vernehme. Ich will es nicht erzwingen. Ich bin aber bereit dazu und glaube ganz fest daran, daß ich euer Lachen irgendwann einmal vernehmen werde. Ich werde den Augenblick – dessen bin ich mir sicher – nicht bestimmen. Aber er wird kommen.

So mache ich mich auf, nach euch Ausschau zu halten. Noch scheint es zu kalt zu sein, denn ich sehe keinen von euch. Aber bald ist es soweit. Da werdet ihr ausschwirren und überall zu sehen sein. Jetzt muß ich mich noch in Geduld üben. Ich kann warten. Meine Sehnsucht, euch lachen zu hören, wartet mit mir. Sie läßt mich innerlich wach bleiben, daß ich euch entdekken und lauschen kann, wenn es soweit ist.

Glaube an die Tiefe, den Grund in dir

Unser lebendiges Sein ist nach Romano Guardini »von innen nach außen und von außen nach innen gebaut... Es gibt eine Oberfläche und Tiefe. Das Innere, Tiefe, Gesammelte ist das Wichtigere... Diesen inneren Raum gibt es; die innere Sphäre, in die ich eingehen, in der ich mich mit den Gegenständen beschäftigen kann; wo ich mit mir selber allein bin; wo die Lebensentscheidungen fallen; wo ich mit Gott bin, ihm gegenüber, vor seinem Angesicht... Diesen Raum gibt es; und er soll weiter werden, tiefer, lebendiger, stiller, gesicherter.« Tiefe wird von Guardini als eine Schichtung nach innen verstanden »und zwar so, daß die Schichten, je weiter sie nach innen liegen, desto wertvoller, eigener, zarter, lebendiger werden«[6].

Diese Tiefe steht auch für meinen Grund, den Viktor von Gebsattel den »ewigen Seinsgrund« nennt, »der – hinter allen Zerrissenheiten, allen neurotischen Bindungen, allen Illusionen des Macht- und Geltungswillens, aller Selbstverhaftung und aller haltlosen Weltläufigkeit und schließlich hinter allen wissenschaftlichen Theorien – auf jeden wartet«[7].

Tagebuch 3. April

Hallo Schmetterling! Noch habe ich dich nicht entdeckt, obwohl heute die Sonne scheint. Ich bin extra in der Frühe nach draußen gegangen, um nach dir zu schauen. Die Forsythien und der Zierpflaumenbaum stehen inzwischen in voller Blüte. Auch die Osterglocken leuchten mir entgegen.

Wo bist du? Ich muß dir gestehen: Ich beneide dich. Ich würde gerne mit dir tauschen. Ich muß zur Arbeit gehen, muß Geld verdienen, muß so viele Dinge bedenken und erledigen. Ich bin in ein System von Verpflichtungen, Regeln, Gesetzen eingebunden, die vielfach sinnvoll sind, mich aber auch einengen, unter Druck setzen und mich abhängig machen. Manchmal würde ich da gerne einfach ausbrechen – und frei sein.

So frei wie du. In der Sonne sitzen. Von einer Blüte zur anderen fliegen. Einfach sein. Je mehr ich darüber nachdenke, desto größer wird meine Sehnsucht danach, desto deutlicher spüre ich die Stricke, die mich festhalten und mich daran hindern, wie du einfach nur zu sein. Dazusitzen, mich von der Sonne küssen zu lassen – zu *sein*.

Laß den göttlichen Funken in dir wirken

»Gott ist in der Tiefe«, sagt der protestantische Theologe Paul Tillich. Er befindet sich damit in der Tradition der Mystiker, nach denen wir Gott in der Tiefe der Seele finden. Wir haben Anteil am Göttlichen, laufen aber immer wieder Gefahr, uns vom Göttlichen, unserem göttlichen Kern zu trennen. Je mehr unser Ich sich herausbildet und entfaltet – was für unsere Eigenständigkeit notwendig ist – entfernen wir uns von unserem Innersten, unserem göttlichen Ursprung. Wir orientieren uns immer mehr am Außen, am Erfolg, an der Leistung, am Besitz und am Haben.

Doch auch wenn es den Eindruck erweckt, als hätten wir uns ganz von unserem göttlichen Kern entfernt, bleibt in uns, so der Mystiker Eckhart, ein göttliches Seelenfünklein erhalten, das als göttlicher Funke in uns wirkt. Dieses Seelenfünklein ist davon beseelt, uns wieder mit unserem göttlichen Kern in Kontakt zu bringen, die Entfremdung vom Göttlichen zu überwinden. Oft übergehen oder übersehen wir dieses Wirken des göttlichen Funkens in uns. Wir spüren zwar, daß uns etwas fehlt, uns der innere Frieden abgeht, nach dem wir uns sehnen. Wir glauben die ersehnte Harmonie in noch mehr Erfolg, in noch größerer Anerkennung, in noch mehr Wohlstand zu finden. Doch wir machen die Erfahrung, daß wir auf diese Weise nicht erhalten, nicht erfahren, wonach wir uns sehnen.

Tagebuch 3. April

Gerade höre ich das Zwitschern eines Vogels. Wann werde ich dich, mein Schmetterling, das erste Mal sehen? Ich bin schon ganz aufgeregt, wie es wohl sein wird, wenn ich dich zum ersten Mal entdecke.

Wenn ich an dich denke, dann verliere ich für einen Augenblick meine Sorgen und meine Ängste, die manchmal so schwer auf mir liegen. Dann sehe ich dich einfach vor mir und bin ganz eingenommen von dem Gedanken an dich und meiner Sehnsucht nach dir, so daß ich alles andere vergesse. Ich fühle mich dann so leicht und unbeschwert, daß ich meine, mit dir fliegen zu können – von einer Blüte zur anderen.

Wieder lausche ich dem Singen eines Vogels. Ich lasse seine Stimme in mir nachwirken. Ich vergesse, übersehe, was mich sonst beschäftigt oder aufregt. Es ist so bedeutungslos verglichen mit dem Gesang des Vogels.

Jetzt – gerade im Augenblick – genieße ich es, dazusitzen. Einfach zu sein. Den Augenblick des Lebens zu leben. In diesem Augenblick ist mein ganzes Leben anwesend. Gerade jetzt. Nicht erst nachher oder morgen. Gleich werde ich mit meinen Freunden zusammensein und mit ihnen reden. In mir vernehme ich weiterhin den Gesang des Vogels. Er hat sich jetzt sicher schon irgendwohin zurückgezogen, um zu schlafen.

Überlasse dich deiner Seele

Wenn dein Ich sich mit deiner Seele vermählt, vollzieht sich die gewaltigste Verwandlung in dir. Du gibst deine kleine Welt auf, um die sich bisher dein Ich drehte, und überläßt dich der größeren, der unendlichen und ewigen Welt der Seele. Dein Ich geht über in die Seele, stirbt, damit ein neuer Mensch entstehen kann. Eine neue Sichtweise von Leben, eine neue Einschätzung für das, was dir wichtig und wertvoll ist, was du hegen und pflegen willst, entwickelt sich.

Doch dieser Neugeburt geht eine Todeserfahrung voraus. Das aber ist eine schreckliche und ungemein schmerzvolle Erfahrung. Da schmeckst du den Tod, schaust du ihm ins Auge, ist er dir nahe wie nie zuvor. Bis dein Ich bereit ist, sich der Seele zu überlassen, ist viel Ringen und Widerstand vorausgegangen. Dein Ich bäumt sich auf, will nicht aufgeben. Bis es schließlich doch kapitulieren und akzeptieren muß, an seine Grenzen gestoßen zu sein, nicht mehr weiter zu wissen. Traurigkeit, Resignation, Todesstimmung – und manchmal auch Todessehnsucht – machen sich in dir breit.

Tagebuch 4. April

Das Singen der Vögel am Morgen. Ich bin lange vor ihnen wach und denke über meine Träume nach. Auf diese Weise bin ich in Verbindung mit einer ›anderen‹ Welt, die aber so wesentlich zu mir gehört. Es ist die Welt des Unbewußten, die ich nicht missen wollte.

Ich stehe vor dem Birkenbaum, halte für einen Augenblick inne. Ich bin ganz anwesend. Und zum ersten Mal meine ich, die Schmetterlinge lachen zu hören. Für einen ganz kurzen Augenblick. Und das, obwohl ich sie noch gar nicht entdeckt habe. Ich spüre einen tiefen Frieden in mir.

Das Lachen der Schmetterlinge verstummt bald wieder. Doch die Sehnsucht nach ihm bleibt, ja ist noch stärker geworden.

2. DIE DUNKLE NACHT BEGINNT

Es ist der allergrößte Schmerz und das allergrößte Paradox, daß an einem bestimmten Punkt die persönliche Liebe, daß das Ich zerbrechen muß, daß man etwas völlig Natürliches und manchmal Gutes, das vielleicht das einzig Gute zu sein scheint, aufgeben muß.
Dann bleiben nur noch Dunkel, Schweigen und Leere. Und Gott ist da.
Denken sie an Johannes vom Kreuz: Wo die Bilder aufhören, stürzt man in den Abgrund; aber das ist der Abgrund des Glaubens.
Wenn man gar nichts mehr hat, hat man nichts mehr außer der Hoffnung. [8]

Iris Murdoch

Wenn die dunkle Nacht beginnt, erlebst du alles anders als bisher

Die dunkle Nacht beginnt. Sie bricht über dich herein und verläßt dich nicht mehr. Depression und Angst sind jetzt deine ständigen Begleiterinnen. Der Blick zu den Sternen, die dir bisher Orientierung gaben, ist verstellt. Du irrst umher, hast deine Sicherheit, deinen Stand verloren. Immer mehr fällst du in etwas, was du nicht kennst – das Nichts. Du kennst dich mit dir selbst nicht mehr aus, siehst und erlebst fast alles anders als bisher. Du spürst tief in dir eine Sehnsucht nach Ruhe, Frieden, einem Leben ohne Angst und Herausforderungen. Gleichzeitig überkommt dich das Gefühl, gescheitert zu sein. Alles, was bisher galt, bricht zusammen. Und du fällst weiter und immer tiefer hinein in einen Grund, den du nicht kennst.

Johannes Tauler schreibt über diese Erfahrung:

»Die Tiefe, die in Gott ist, ist ein solcher Abgrund, daß aller geschaffene Verstand sie nicht zu erreichen, noch zu ergründen vermag. Dieser Tiefe soll der Mensch begegnen mit der eigenen Tiefe: das ist dem grundlosen Abgrund einer unergründlichen Selbstvernichtung. Das heißt: könnte er ganz zu einem lauteren Nichts werden, das hielte er für recht und billig. Das kommt aus der Tiefe und der Erkenntnis seines Nichts.« [9]

Tagebuch 10. April

Inzwischen bin ich im Haus der Stille angekommen.

Mein erster Schmetterling. Heute bist du ganz flink am Wintergarten vorbeigeflogen. Ich hatte dich gar nicht gesehen. Silvia sagte: »Da, ein Schmetterling!« Bevor ich richtig hinschauen konnte, warst du schon wieder weg. Ich war ganz aufgeregt, hatte ich doch diesem Augenblick lange entgegengefiebert. Und dann warst du so unerwartet aufgetaucht.

Ich bin noch weit davon entfernt, dein Lachen zu hören. Kaum daß ich dich sah, geschweige denn hörte. Das dicke Glas des Wintergartens steht zwischen dir und mir. Da ist so vieles in mir, was mich wie in Glas einschließt, mich nicht hellhörig, empfindsam genug für dein Lachen sein läßt. Ich spüre Verzweiflung in mir. Sie macht mich manchmal fast verrückt. Ich fühle mich von ihr getrieben. Werde ich sie je wieder los? Wird sie mich verlassen? Werde ich aus meinem Keller herauskommen? Meinem Gefängnis? Werde ich wieder das Leben, *mein* Leben spüren dürfen, dein Lachen hören?

Auf meinem Spaziergang bin ich zwei Schmetterlingen begegnet. Sie turtelten miteinander. Der eine löste sich dann und flog auf den Boden. Dort verharrte er für eine Weile, während er immer wieder seine braungescheckten Flügel bewegte. Es war einfach schön, die beiden zu sehen. Ich konnte leise lächeln, blieb aber gefangen in meiner Traurigkeit, besetzt von Sorgen, Gedanken, die ich so gerne los wäre.

Gehe beharrlich deinen Weg nach innen

Es ist so schwer, sich von den Bildern zu lösen, an denen wir uns bisher orientiert haben. Es ist so schwer, wirklich loszulassen, sich dem Ungewissen, der Dunkelheit auszusetzen, den radikalen Weg zu gehen. Gibt es nicht doch, so wirst du dich vielleicht fragen, einen leichteren, ›softeren‹ Weg?

Johannes Tauler wird nicht müde, uns immer wieder daran zu erinnern, daß wir nicht in äußeren Veränderungen und Bemühungen finden, was wir suchen – Gott. Wir finden ihn im Zu-Grunde-Gehen:

»Im Innern, im Grund des Menschen; da hat Gott den Ort seiner Ruhe erwählt; da findet er seine Freude. Wenn einer das täte: den Grund wahrnehmen, von innen, und alle Dinge lassen und sich in den Grund kehren! Und dabei geschieht es oft, daß der Mensch in seiner äußeren Tätigkeit zehnmal gemahnt wird, sich nach innen zu kehren. – Doch er tut es noch immer nicht.« [10]

Tagebuch 10. April

Was sagt meine innere Stimme?
Wo soll es lang gehen?
Was steht in meinem Leben an?
Was soll ich verändern?
Wie, in welche Richtung mich verändern?
Was muß ich ablegen?
Von was muß ich mich verabschieden?
Wo hänge ich fest?
Wie kann ich den Knoten lösen?

Ich weiß auf alle diese Fragen letztlich keine Antwort. Ich kann nur warten. Warten im Vertrauen darauf, daß Gott für mich diese Fragen beantwortet, er sich in meiner inneren Stimme meldet. Was ich tun kann und zu tun bereit bin, ist, mich ihm zu überlassen, ihn an mir wirken zu lassen. Ich sage: Ich bin bereit. Und im gleichen Augenblick spüre ich, daß sich in mir ein Vorbehalt regt, Gott wirklich ganz, ohne Wenn und Aber an mir und in mir wirken zu lassen. Und doch: Ich will es. Aus dieser Bereitschaft erwächst eine große Erleichterung: Ich muß es nicht richten. Es liegt nicht an mir, ob es ›gelingt‹. (Was?) Es ist allein Ihm, allein Dir, meinem Gott, überlassen.

Wenn dein Ich stirbt, begegnest du dem Nichts

Die Erfahrung des Zu-Grunde-Gehens wirft dich zu Boden und erschüttert dich zutiefst. So muß es sein, wenn wir sterben. Johannes von Kreuz spricht hier von der Erfahrung der dunklen Nacht der Sinne, der Seele und des Geistes, die wir bestehen müssen, wenn unser Ich stirbt. Wir treffen auf totale Dunkelheit. Wir begegnen dem Nichts. Dem totalen Nichts, das uns jeden Halt und Grund versagt. Wir dürfen davor nicht weglaufen. Wir müssen mitten durch diese dunkle Nacht hindurchgehen.

Die dunkle Nacht der Sinne, des Geistes und der Seele ist die Nacht der Begegnung mit dem Nichts. Es ist die Nacht der Ent-Äußerung, in der wir das Äußere abstreifen, alles, was unserem Ich anhaftet, loslassen und Gott begegnen. Das ist die Zusage der mystischen Tradition: Wer den Ich-Tod erleidet, der begegnet darin zugleich Gott. Ja, das Nichts, in das wir stürzen, ist Gott. Unsere Seele geht in der Erfahrung der dunklen Nacht bis hinab in unseren tiefsten Grund, um schließlich Gott in seiner Einöde, in seiner Wüste, in seinem Grunde aufzunehmen:

Je mehr du in dir selbst in einer Wüste stehst
und unwissend aller Dinge,
um so näher kommst du dem,
der da alle Dinge ist.[11]

Tagebuch 11. April

Abendspaziergang: Vorhin habe ich einfach nur auf den See geschaut. Ihn auf mich wirken lassen. Ihn in mich hereingelassen. Dann ging ich in die Kapelle und versuchte, mich auf Dich, meinen Gott, innerlich einzustellen. Mir wirklich Zeit zu lassen für Dich. Wann habe ich das das letzte Mal getan? Einfach dagesessen oder gekniet, nach vorne gebeugt, den Kopf auf dem Boden aufgestützt und mich in Dich versenkt. Meinem inneren Drängen nachgebend, einfach bei Dir zu sein.

Zu Beginn meines Spazierganges sangen noch die Vögel. Auch konnte ich noch gut die Umgebung wahrnehmen. Dann erstarb der Gesang zunehmend. Mich erfüllte ein großer Friede. Der Friede, nach dem ich mich so sehr sehne. Ich weiß, morgen kann er schon wieder verschwunden sein. Dann mögen mich wieder die an mir reißenden Gedanken bestimmen und quälen. Doch so, wie ich mich jetzt fühle, fühle ich mich wohl. Jetzt spüre ich die Schicht, die mich vor übertriebenen Sorgen und Ängsten schützt. Es ist die Schicht, die mir bewußt macht, daß ich nicht allein bin, daß ich eingebunden bin in Beziehungen. Es ist gut so, wie es ist. Die Ängste, die aus einem Loch in mir hervorkriechen und an mir ziehen, haben jetzt keine Macht über mich.

Laß geschehen, was geschehen muß

Der Loslösungsprozeß von dem, was dich abhält, wieder mit dem göttlichen Kern in dir in Berührung zu kommen, die einstige Verbundenheit und Einheit mit dem Göttlichen wiederherzustellen, ist schmerzvoll. Du mußt dich von dem lösen, was bis jetzt dein Leben bestimmte. Dazu gehören unter anderem deine berufliche Karriere, dein Besitz, dein Ansehen und deine Anerkennung. Du mußt das Bild, das du von dir selbst hast, das dich bis jetzt so stark geprägt hat und für das du soviel investiert hast, loslassen. Das ist eine riesengroße Herausforderung. Doch willst du weiter wachsen und dem, was in deinem Lebensprozeß ansteht, gerecht werden mußt du dich davon lösen, was dich und deine Welt bis jetzt ausgemacht hat.

Diese Loslösung wird dir nur gelingen, wenn du dich auf eine radikale Wendung von außen nach innen einläßt. Doch die Ich-Verhaftung ist in der Regel so stark, daß diese Loslösung niemandem allein gelingen kann. Es muß dir nachgeholfen werden. Du mußt so sehr aus der bisherigen Lebensbahn herausgeworfen werden, daß du gar nicht mehr anders kannst, als dich dieser radikalen Wende zu stellen und sie geschehen zu lassen. Nur wenn du diesen Weg gehst, so furchtbar und unbegehbar er dir vorkommen mag, wirst du wieder Frieden finden. Nur wenn du jetzt geschehen läßt, was geschehen muß, wirst du eines Tages einen Grund in dir spüren, der dich trägt.

Tagebuch 11. April

Es regnet. Der Wald umhüllt mich. Zwei Eichhörnchen begegnen mir. Keine Schmetterlinge. Wo ihr jetzt wohl seid? Ich sehne mich nach eurem Lachen, danach, euer Lachen hören zu können. Ich sehne mich danach, die Stelle in mir zum Leben, zum Wirken zu bringen, die euer Lachen hören kann. Wenn sie zum Vorschein kommt, wenn sie ›arbeitet‹, dann höre ich euch lachen, dann kann *ich* wieder lachen – aus ganzem Herzen. Dann sind meine Wunden geheilt, und ich bin wieder ein Teil des pulsierenden Lebens.

Den ganzen Tag über sehe ich keine Schmetterlinge. Fast meditativ durchschreite ich die Landschaft, den Wald. Ich nehme ihn kaum wahr und bin mir doch in jedem Augenblick bewußt, jetzt im Wald zu sein. Der Gesang der Vögel begleitet mich. Im Moment tut mir einfach das Laufen gut.

Schritt für Schritt.
Ohne Eile,
ohne Ziel.
Einfach laufen.
Keiner Aufgabe nachgehen.
Niemand erwartet mich.
Niemand will etwas von mir.
Ich selbst will nur laufen und –
leben.

3. DIE LÄUTERUNG

Für die Einkehr ist die Stille der Nacht
ganz besonders nützlich und förderlich.
Der Mensch soll sich sachte all seinen Sinnen
und Sinneskräften entziehen
und sich mit all seinen Kräften
ganz in sich versenken
und sich über alle Bilder und Formen
und über alle seine Kräfte erschwingen.
Denn Gott ist Finsternis trotz allen Lichts.
Darum soll der Mensch nichts fragen
noch verlangen,
nichts beabsichtigen noch wollen,
weder Ruhe noch Wirksamkeit.[12]

Johannes Tauler

Wage den Weg durch die dunkle Nacht

Wenn dein Ich stirbt, oder besser dein Ego, und du dich auf die Erfahrung der dunklen Nacht einläßt, wird alles, was dir bisher wichtig war – wie Anerkennung, Erfolg, Vermögen – bedeutungslos. Du kommst dadurch zunehmend mit dem in Berührung, was dich wesentlich ausmacht. Entscheidend dafür ist, daß du dich auf den Weg, der dich durch die dunkle Nacht führt, einläßt.

Johannes vom Kreuz beginnt seine Schilderung der dunklen Nacht zunächst mit der Beschreibung des abgründigen Schreckens, der mit ihr einhergeht. Die dunkle Nacht ist schrecklich und furchterregend, weil sie »den menschlichen Geist unbarmherzig im Innersten ausfegt und zu Gott hin umgestaltet; aber ... das göttliche Liebesfeuer, das in der Seele tobt und zunächst nicht als solches erkannt werden kann, macht sich mit fortschreitender Läuterung allmählich in seiner ›zarten‹ Wesentlichkeit fühlbar: die Nacht lichtet sich, das Feuer, das geradezu als höllisch empfunden wurde, entzündet die Substanz der Seele und enthüllt sich als das Feuer himmlischer Liebe.« [13]

Tagebuch 12. April

Beim Frühstück mußte ich heute öfter lachen. Zuvor hatte mir Silvia gesagt: »Du strahlst heute.« Mir war das gar nicht bewußt gewesen. Mir kam ein Wort von Thomas Merton in den Sinn: »Könnten die Menschen doch sehen, daß sie alle wie strahlende Sonnen durch die Welt gehen.« Manchmal muß das einem offensichtlich erst gesagt werden von jemandem, der ›sehen‹ kann.

Kann ich *dann* die Schmetterlinge lachen hören, wenn ich die Menschen als strahlende Sonnen sehen kann? Ich will dafür offen sein. Ich will nichts erzwingen. Ich will geduldig sein.

Rainer Maria Rilke schreibt in einem seiner »Briefe an einen jungen Dichter«: »*Alles* ist austragen und dann gebären. Jeder Eindruck und jeder Keim eines Gefühls, ganz in sich, im Dunkel, im Unsagbaren, Unbewußten, dem eigenen Verstande Unerreichbaren sich vollenden lassen und mit tiefer Demut und Geduld die Stunde der Niederkunft einer neuen Klarheit abwarten ... reifen wie der Baum, der seine Säfte nicht drängt und getrost in den Stürmen des Frühlings steht ohne Angst, daß dahinter kein Sommer kommen könnte. Er kommt doch. Aber er kommt nur zu den Geduldigen, die da sind, als ob die Ewigkeit vor ihnen läge, so sorglos still und weit. Ich lerne es täglich, lerne es unter Schmerzen, denen ich dankbar bin: Geduld ist alles!« [14]

Laß dich auf die Erfahrung ein, von Gott bedingungslos geliebt zu sein

Wenn du zu Grunde gehst, gehst du durch Dunkelheit, um schließlich zu deinem Ursprung und dabei auch zur Erfahrung deiner ›ersten Liebe‹ zu gelangen. Das ist die Liebe, die uns Gott vor jeder menschlichen Liebe bedingungslos geschenkt hat. In seinem Gedicht *Die dunkle Nacht* beschreibt Johannes vom Kreuz diesen Prozeß in der Form eines Liebesgedichtes:

In einer dunklen Nacht,
entflammt von Liebessehnen,
o seliges Geschick!
entfloh ich unbemerkt,
da nun mein Haus in Ruhe lag.

In Dunkelheit und ungefährdet,
auf geheimer Leiter, vermummt,
o seliges Geschick!
in Dunkelheit und im verborgnen,
da nun mein Haus in Ruhe lag.

In der seligen Nacht,
insgeheim, so daß mich keiner sah,
und ich selber nichts gewahrte,
ohne anderes Licht und Geleit
außer dem, das in meinem Herzen brannte.[15]

Tagebuch 12. April

Ich gehe durch den Wald. Auch wenn zwischendurch die Sonne scheint, ist es kalt.

Manchmal fegt ein starker Wind durch die Bäume. Ein lautes Brausen ist die Antwort, knirschen. Ich versuche, einfach zu gehen. Mehr nicht. Ich lasse die Gedanken zu, die sich einstellen. Zwischendurch blicke ich auf den See. Ich spüre mich. Ich wollte gerne froh sein. Doch Freude stellt sich nicht ein. Ich bin auch nicht traurig. Ich bin einfach da, stehe oder gehe. Später lege ich mich in der Kapelle auf den Boden.

Du Gott, vor dem die Zeiten stehen,
laß mich ein wenig bei dir ruhen.
In deiner Nähe, starker Gott,
ist Kühlung, Frieden und Geduld.[16]

Lange liege ich da, spüre Gottes Nähe. Als ich aufstehe, fühle ich mich gestärkt. Ich gehe den kurzen Weg zu meinem Zimmer, schaue vorher noch einmal auf den See, der jetzt ganz klar zu sehen ist. Ich spüre Zuversicht in mir.

Ich fühle mich umgeben von Deiner Nähe, mein Gott. Ich bin jetzt mehr in Dir, bei Dir als bei dem, was mich ängstigt, umtreibt, in Unruhe versetzt. Ich spüre einen Grund unter mir. Ich bin in Berührung mit meiner Verbundenheit mit Dir, meinem Gott.

Gehe durch die Dunkelheit, um verwandelt zu werden

Du mußt jetzt durch die Dunkelheit gehen, um verwandelt zu werden und um dich am Ende mit deiner ersten Liebe, deiner Seele, deinem göttlichen Liebhaber zu vereinigen. Dann erlischt alles. Du gibst dich auf, überläßt dich *Ihm*. Davon spricht Johannes vom Kreuz im zweiten Teil seines Gedichtes:

O Nacht, die mich lenkte!
O Nacht, holder als das Frührot!
O Nacht, die den Geliebten vereinte,
die Geliebte in den Geliebten wandelte.

An meiner blühenden Brust,
die für ihn sich ganz bewahrte,
dort schlief er ein,
und ich schenkte mich ihm,
und die Zedern fächelten im Wind.

So blieb ich und vergaß mich selbst,
neigte das Antlitz über den Geliebten.
Alles erlosch, ich gab mich auf,
ließ meine Sorge fahren,
vergessen unter Lilien.[17]

Tagebuch 13. April

Heute habe ich zwei Tauben getroffen, pickend auf dem Waldboden. Ich habe ihnen für eine Weile zugeschaut. Mir ist leichter ums Herz. Die Schwere läßt nach, scheint zumindest nachzulassen. Ich will mich lieber vorsichtig ausdrücken. Die Angst, sie könnte sich wieder mit ihrer ganzen Macht zeigen und mich spüren lassen, sitzt mir noch im Nacken.

Ich schaue auf *La Roche*, wie sie den riesigen Felsen hier in der Umgebung von Neuchatel nennen. So riesig muß der Felsen, auf dem ich mein Haus aufbauen möchte, nicht sein. Und doch steht für mich *La Roche* für Gott, den Grund, das Fundament meines Lebens, meine Hoffnung. Ja, Gott ist für mich ein noch viel gewaltigerer Felsen, Grund als *La Roche*.

Ich gehe weiter, denke an Dürrenmatts Roman *Durcheinandertal*, die riesige Schutthalde, die darin vorkommt, das brennende Bauernhaus. *Durcheinandertal* – ein schönes Wort. Ein Wort, das trifft, was ich solange in mir fühlte und spürte. Ich gehe durch das Tal, ein sehr enges Tal, ein beengendes Tal. Ich bin durcheinander. Ich bin nicht länger geordnet, klar, zielsicher oder zielorientiert. Nichts mehr scheint sicher zu sein. Alles ist in Frage gestellt. So erlebe oder erlebte ich es jedenfalls für mich.

Ich gehe weiter. Schritt für Schritt. Das regnerische Wetter und die Kälte schrecken die Schmetterlinge ab. Sie bleiben verborgen.

Gib nicht auf

In dieser Phase der Dunkelheit, wenn du glaubst, nicht mehr weitergehen zu können, besteht die Gefahr, daß du umkehrst.

In seinem Roman *Rechenschaft vor El Greco* schreibt Nikos Kazantzakis:

»Jeder Mensch, der es wert ist, Menschensohn genannt zu werden, trägt das Kreuz und besteigt den Golgatha. Viele, ja die meisten erreichen nur die erste und die zweite Stufe, brechen heulend mitten auf der Strecke zusammen und gelangen nicht zum Gipfel von Golgatha, anders gesagt den Gipfel ihrer Pflicht: gekreuzigt zu werden, aufzuerstehen und ihre Seele zu retten. Voll Furcht vor der Kreuzigung wird ihr Herz schwach; sie wissen nicht, daß das Kreuz lediglich der Pfad zur Auferstehung ist. Es gibt keinen anderen Weg.« [18]

Laß dich von diesen Worten ermutigen, nicht umzukehren, nicht in das Alte, Gewohnte zurückzukehren, sondern den Weg durch die dunkle Nacht bis zum Ende zu gehen.

Tagebuch 13. April

»Klagen wie eine Frau in den Wehen« – immer wieder geht mir die Melodie von Elgars Vertonung des 48. Psalms durch den Kopf und durch das Herz. Vor allem durch das Herz. Mein Herz kann sich festklammern an dieser Melodie, die so voll des fraulichen und mütterlichen Klagens ist. Aus der Tiefe kommend. Gemischt mit Schmerz und Freude, wobei der Schmerz noch überwiegt.

In der Luther-Übersetzung steht an dieser Stelle in Psalm 48, Vers 7:

Zittern hat sie da erfaßt,
Angst wie eine Gebärende.

Meine Angst als Angst vor dem, was neu in mir geboren wird? Bin ich in Wehen? Kündigt sich in mir etwas Neues an? Früher dachte ich eher etwas skeptisch und verächtlich über Berichte von ›Neugeborenen‹, die von ihrer Bekehrung als einem ganz neuen, mit einer radikalen Wende verbundenen Ereignis in ihrem Leben sprachen. Da gibt es sicher Scharlatane und Eintagsfliegen. Doch kann es nicht auch sein, daß bei manchen wirklich eine Umkehrung stattgefunden hat, bei der in ihnen etwas Neues aufgebrochen, geboren worden ist? Und das mit solcher Macht, daß es von diesem Augenblick an ihr Leben radikal veränderte?

Tauche ganz in die Erfahrung des Zu-Grunde-Gehens ein

»Den Weg des Sterbens kann man gehen«, sagt Hans Jellouschek, »wenn man den Mut aufbringt, in diese Erfahrung ganz einzutauchen und ihr nicht auszuweichen. Hier kommt den Menschen natürlich zugute, wenn sie in der Zeit vor der Krise zu einer inneren Ich-Stärke gefunden haben. Oft ist es für sie noch schwer genug, aber sie können sich dem Reinigungsprozeß leichter öffnen, ohne die Angst, darin zu versinken.

Für Menschen, die ihre Ich-Stärke lediglich auf ihr Können, auf ihre Leistung, auf ihre Schönheit usw. stützen, für solche Menschen wird es schwieriger. Die Bodenlosigkeit, in die sie zu fallen meinen, ist noch viel totaler. So kann man es auch verstehen, daß viele die spezifische Todeserfahrung, zum Beispiel einer Trennung, aus Angst abwehren. Aber sie machen dann auch nicht die Erfahrung neuen Lebens. Für sie bleibt das Leiden sinnlos und bloß ein bitteres Schicksal.« [19]

Tagebuch 14. April

»Je mehr man einen Gegenstand beobachtet, desto weniger wird man ihn sehen ... Geh nicht zu einem Ding hin: laß es zu dir kommen ... Was ich brauche, ist kein Anstarren, sondern ein Schlendern oder Schweifen des Auges.« [20]

Ich will, wie es Henry David Thoreau in seinem Tagebuch schreibt, meine Augen schlendern und schweifen lassen. Und schauen, was ich sehe. Ich will die Dinge herkommen lassen, statt auf sie zuzugehen. Ich will auch nicht die Ohren spitzen, um das Lachen der Schmetterlinge zu hören. Ich will lauschen. Ich will einfach offen und bereit sein, ihr Lachen zu vernehmen.

In dieser Haltung will ich auch mir selbst, den Menschen, Gott begegnen mit schlendernden und schweifenden Augen, lauschend, tastend. Und ich will nicht erst morgen damit beginnen, sondern jetzt.

Fast hätte ich ihn übersehen – ein Schmetterling, ein Weißling. Schnell und beschwingt flog er an mir vorüber. Das sonnige Wetter hat ihn herausgelockt. Gleich darauf kommen mir zwei kleine Schmetterlinge, an den Rändern ihrer Flügel gelb betupft, entgegen. Sie spielen miteinander. Und schließlich begegne ich noch einem schönen, tiefblauen Schmetterling mit einem blauen Kreis in der Mitte der Flügel. Ich schaue ihm nach. Ohne Absicht, mein Auge schweifen lassend, lauschend. So schaue ich auch später durch die Äste, die überall mit grünen Trieben versehen sind, zum Himmel.

Vertraue dich anderen Menschen an, laß dir helfen

Über die Menschen, die sich auf den Prozeß der Ich-Lösung (zum Beispiel in der Erfahrung einer Trennung) nicht einlassen, sagt Hans Jellouschek: »Sie wirken auf mich eingesponnen wie Raupen in einem Kokon, der schon an allen Ecken und Enden zum Zerspringen eng geworden ist. Aber zwischen Raupe und Schmetterling liegt das Zerreißen des Kokons, also eine Form von Sterben, und das macht ihnen verständlicherweise Angst. Dann akzeptieren sie lieber die Enge und die Erstarrung und schützen sich damit vor der Todeserfahrung ...

Wer sich nun dieser Begegnung öffnet, der gerät freilich, wie gesagt, in die dunkle Nacht und in den Strudel der Todeserfahrung. Und das ist schwer. Und darum brauchen Menschen in dieser Situation auch Hilfe und Unterstützung, auch solche, die über eine starke psychische Kondition verfügen, denn diese Kraft fällt oft zusammen wie ein Kartenhaus. Sie brauchen zunächst einmal mitmenschliche und vielleicht auch therapeutische Hilfe... Aber das allein, diese Stützung der Ich-Stärke, nützt nichts oder genügt nicht. Die weitere Hilfe besteht darin, diese Menschen darauf aufmerksam zu machen, was der tiefere, der religiöse Sinn und Gehalt dieses Prozesses sein könnte, und sie so zu ermutigen, sich dieser tieferen Erfahrung zu öffnen und sich voll darauf einzulassen.« [21]

Tagebuch 14. April

Zu Hause ist eine Glastüre in die Brüche gegangen. Einen furchtbaren Schlag habe es getan. Und dann ist die Glastüre in tausend Stücke zerfallen. Ein Bild, eine Vorahnung für den Panzer, den ich in mir trage und was mit ihm passiert? Der Panzer, der für das Verlangen nach Vollkommenheit, Perfektionismus, Sicherheit steht. Der Panzer, der den Augenblick abwürgt, der das Leben im Hier und Jetzt erstickt. Der Panzer, der schwer in mir hängt, vollgepackt mit Sicherheitsvorkehrungen und Verteidigungswaffen. Wann wird er abfallen und in tausend Stücke zerfallen? Er lockert sich. Er sitzt nicht mehr so fest. Er zieht mich nicht mehr so sehr nach unten. Er nimmt mir nicht mehr alle Luft. Wann wird er fallen? Wann werde *ich* ihn fallen lassen?

4. ZWISCHEN ZWEIFEL UND ZUVERSICHT

Warte allein auf die ewige Geburt in dir,
die im Grund und im Innersten der Seele
geschieht,
so findest du alles Gut,
allen Trost, alle Wonne,
das Wesenhafte und die Wahrheit.
Versäumst du diese Geburt,
so versäumst du alles Gut
und alle Seligkeit.[22]

Meister Eckhart

Gott ist der Grund deiner Hoffnung

Wenn du durch die dunkle Nacht gehst, findest du schließlich – und darauf darfst du vertrauen – deinen wahren Grund. Im Erleben des Nichts blickt dich das Auge Gottes an, begegnest du dem ganz Anderen, und du mußt nur noch diesen Blick aushalten, um zitternd, zugleich aber voller Hoffnung zu sprechen:

Du Gott
bist der Grund meiner Hoffnung
Du lebst als tiefes Geheimnis in mir

Kommen auch Tage des Zweifels
der Ungewißheit
wo vieles wie eine große Lebenslüge erscheint
so versuche ich vertrauensvoll zu Grunde zu gehen

Weil Du
mich durch deine Verunsicherung
zur Quelle des Lebens führen wirst
damit in mir auch Schwäche
und Ohnmacht leben darf

So wird mir nichts mehr fehlen
und ich finde neue Geborgenheit in Dir [23]

Pierre Stutz, nach Psalm 23,1

Tagebuch 14. April

Ich betrachte den gefallenen Baum. Da liegt er. Die Wurzeln sind bloßgelegt. So lag ich da. Entwurzelt. Ich war nicht stark genug verwurzelt. Ich habe zu sehr an der Oberfläche gelebt. Und dann hat es mich umgehauen. Einfach so umgehauen. Irgend jemand hat mich nicht aufgegeben. Meine Frau, Menschen, die mich lieben und schätzen, Gott. Sie haben mich wieder aufgestellt. Sonst wäre ich längst ausgetrocknet. Ich stehe wieder da. Manchmal noch etwas wackelig. Doch zunehmend fester. Jetzt versuche ich die Oberfläche zu durchbrechen, lasse meine Wurzeln tiefer in die Erde hineintreiben. »So versuche ich vertrauensvoll zu Grunde zu gehen«, mein Leben in *Dem* zu verankern, der der letzte Grund meiner Hoffnung und meines Lebens ist – Gott.

Herr, bleib bei mir
Im Leben und im Tod,
Herr bleib bei mir!

Jetzt kann der Panzer nicht länger verhindern, daß ich innerlich erschüttert werde. Er kann nicht länger die Tränen, das Schluchzen zurückhalten. Sie sind stärker als er. Er kann nicht länger meine Zuneigung, meine Liebe, meinen Respekt, mein Mitgefühl zu mir selbst abblocken, an sich abblitzen lassen. Er verliert zunehmend an Einfluß und Macht. Er ist dabei, zugrunde zu gehen, weil ich auf den Grund gehe, vertrauensvoll zu Grunde gehe.

Lasse deine Zweifel in Zuversicht verwandeln

»Es gibt eine Kraft in der Seele, die spaltet das Gröbste ab und wird mit Gott vereint: das ist das Fünklein der Seele«, sagt Meister Eckhart.

In der Erfahrung der dunklen Nacht stürzt du in das Nichts, das Gott ist. In der Erfahrung deiner eigenen inneren Wüste und Einöde begegnest du Gott in seiner Einöde und in *seinem* Grund. In der tiefsten Hoffnungslosigkeit, in der dir alles zuwider scheint, geschieht Verwandlung. Du kehrst zurück in die wesensgemäße Einheit mit deinem Ursprung.

Pierre Stutz spricht von seinen eigenen Erfahrungen, wenn er sagt:

Jeder Mensch hat die Fähigkeit,
die Ohnmacht in Hoffnung,
die Zweifel in Zuversicht
verwandeln zu lassen, wenn er sich einläßt
auf den göttlichen Funken
in sich,
der Wunderbares
bewirken kann.[24]

Tagebuch 15. April

Ich gehe in den Morgen. Leichte Morgenröte über dem See. Schwere, dunkle Regenwolken über mir. »In der Fülle seiner Macht, in den Mauern seiner Stadt«, heißt es bei Elgar in seiner Übersetzung von Psalm 48. Bei den Worten »in den Mauern seiner Stadt« wird der Gesang ganz ruhig. Staunen und Ergriffenheit machen sich breit. Immer wieder singe ich in mir diesen Vers »In den Mauern seiner Stadt« und formuliere meinen eigenen Psalm:

In den Mauern S e i n e r Stadt, dort wohnt Gott
Werde ganz ruhig, laß dich davon treffen
E r g r e i f e n
Dieses Wunder: Gott wohnt in dir
Der göttliche Funken in dir ist nicht erloschen
Du mußtest erst zu Grunde gehen
Hinuntersteigen, hinabsteigen in das Reich
des Todes und der Hölle
Um dem göttlichen Funken in dir
Raum zu schaffen, ihm eine Chance zu geben
Dich neu zu entzünden
Das Feuer in dir zum Leuchten, zum Wärmen,
zum Lodern zu bringen
Um neu geboren zu werden
Gott in dir Raum zu schaffen
Damit er bei dir bleibt
Von nun an bis in Ewigkeit

Laß Gott seinen Sohn in dir gebären

Wenn es bei dir soweit ist und du spürst, daß dein Seelenfünklein dich wieder in die verloren gegangene Verbundenheit mit dem Einen führt, gebiert Gott seinen Sohn in dir. Pierre Stutz schreibt in einem fiktiven Brief an Johannes Tauler:

»Die Lehre und Hoffnung der Geburt Gottes in der Seele übernimmst du von Meister Eckhart... Er sprach in seiner Weihnachtspredigt von der Gottesgeburt, die wie alles Wesentliche im Leben ein Geschenk ist: ›Gott gebiert seinen eingeborenen Sohn in dir, es sei dir lieb oder leid, ob du schläfst oder wachst, er tut das Seine.‹ Dieses tiefe Geheimnis unserer Existenz verwandelt den Menschen ins Göttliche: ›Ich ward einst gefragt, was der Vater im Himmel täte. Da sagte ich: Er gebiert seinen Sohn, und dieses Tun ist ihm so lustvoll und gefällt ihm so wohl, daß er nie etwas anderes tut als seinen Sohn zu gebären, und beide blühen den Heiligen Geist aus. Wo der Vater seinen Sohn in mir gebiert, da bin ich derselbe Sohn und nicht ein anderer; wir sind wohl verschieden im Menschsein, dort aber bin ich derselbe Sohn und nicht ein anderer.‹ Eine Geburt, die sich ereignen kann, dank dem Seelenfünklein, dem göttlichen Kern, der in jedem Menschen anwesend ist und der unzerstörbar ist: ›Das Fünklein der Seele, das da geschaffen ist von Gott und ein Licht ist, ist von oben her eingedrückt und ist ein Bild göttlicher Natur, das allwegs allem widerstreitet, das nicht göttlich ist. Selbst noch in der Hölle ist es geneigt zum Guten.‹« [25]

Tagebuch 15. April

Ich falle zu Boden. Liege ausgestreckt auf dem Feldweg. Als ich mich aufmache, nach Hause zu gehen, geht die Sonne auf.

Du Gott,
wohnst in mir.
Ich habe Anteil
an Dir.
Dein göttlicher Samen
geht auf
in mir.
Mein göttlicher Kern
durchstrahlt
mich.
Du bist da,
immer da,
in mir.

Sterbe, um zu leben

So eigenartig es klingen mag: In dem Moment, in dem du dem Nichts begegnest, in dem alles wegfällt, an dem du dich bisher festgehalten hast, kann sich in all dem Schmerz zugleich auch Freude in dir ausbreiten. Es ist der Erfahrung von Tod und Auferstehung vergleichbar. Hans Jellouschek berichtet von einer solchen Erfahrung, die er machte, als er sich von seiner ersten Frau trennte: »Ich erinnere mich wieder an mein eigenes Erleben. Es gab da nämlich von Anfang an nicht nur die dunkle Nacht, das Nichts und den Tod. Schon unmittelbar nach der Trennung hatte ich manchmal und gerade in den schlimmsten Momenten auch gleichzeitig ein anderes Gefühl, nämlich ein deutliches Gefühl von Befreiung. Es war irgendwie auch gut, daß alles zusammengebrochen war, dieses ganze Ich-Gerüst, dieses Gebäude aus Normen, Zwängen, Erwartungen, Hoffnungen und Illusionen. Ich war darin wohl jemand gewesen, ich hatte darin eine Sicherheit erreicht, aber ich war auch ein Gefangener. Und wie sehr, das wurde mir jetzt so richtig bewußt. Der Tod bekam manchmal tatsächlich ahnungsweise zugleich auch die Züge einer neuen Auferstehung.« [26]

Tagebuch 15. April

Während ich laufe, fällt mir plötzlich ein, daß ich heute noch gar nicht an euch, meine Schmetterlinge, gedacht habe. Wie soll ich das verstehen? Da glaube ich, Sehnsucht nach euch zu haben, und dann vergesse ich euch. Vielleicht bin ich aber auch der Erfüllung meiner Sehnsucht nähergekommen und habe deshalb nicht an euch gedacht. Höre ich aus der Ferne schon euer Lachen? Vernehme ich in mir etwas, was ich bisher nicht vernehmen konnte? Ist eine Seite in mir aufgewacht, berührt worden, die sensibel, empfänglich ist für euer Lachen?

wer schmetterlinge lachen hört,
der weiß, wie wolken schmecken,
der wird im mondschein, ungestört von furcht,
die nacht entdecken.

Ich sehe die Wolken. Noch vermag ich sie nicht zu schmecken. Den Mond suche ich vergeblich. Doch die Angst ist weg. Die Nacht ist da. Sie umgibt mich, tut mir gut.

5. VERWANDLUNG

Wenn Gott den Menschen in Lauterkeit
und Nacktheit ihm zugekehrt vorfindet,
so neigt sich der göttliche Abgrund
und sinkt in den lauteren,
ihm zugekehrten Grund des Menschen
und überformt den geschaffenen Grund
und zieht ihn mit der Überformung
ins Ungeschaffensein,
so daß der menschliche Geist
eins mit ihm wird.[27]

Johannes Tauler

Erfahre Befreiung und Verwandlung im Scheitern

Hans Jellouschek berichtet: »Ich hatte das Leben bisher wie alle anderen eben im Guten, im Schönen und im Hellen gesucht. Jetzt in dem schmerzhaften Trennungsprozeß erfuhr ich, daß im Zerbrechen von all dem Befreiung lag. Es war die Erfahrung der wesenhaften Einheit von Tod und Leben, von der alle spirituellen Schulen sprechen.« Das bedrängende Dunkel, in dem wir in dieser Situation stecken, vergleicht Hans Jellouschek mit einem »Geburtskanal«. Es gibt da kein Zurück mehr. Die Schmerzen sind die Wehen einer bevorstehenden Geburt. Was wir »in solchen Trennungsphasen erleben, sind also nicht nur die Unannehmlichkeiten, die man möglichst schnell hinter sich bringen sollte, um wieder zur Normalität zurückzukehren. Das wäre der Weg, die religiöse Dimension dieser Erfahrung zu verlieren. Diese Nacht- und Nichts-Erfahrungen führen, jetzt psychologisch formuliert, in die Tiefe des Selbst hinein und befreien von zwanghafter Ich-Befangenheit.« [28]

Wenn du dich auf diesen Weg einläßt, wirst du verwandelt. Du begegnest Gott in einer Weise, wie es bisher nicht möglich war. Und Gott begegnet dir auf eine Weise, wie du es bisher nicht erfahren hast.

Tagebuch 15. April

»Es gab eine Zeit, da die Schönheit und die Musik ganz in meinem Inneren waren. Ich saß und lauschte meinen Gedanken, und es war ein Lied darin. Stundenlang saß ich auf dem Felsen und rang mit der Melodie, die Besitz von mir ergriffen hatte. Stunde um Stunde horchte ich auf eine klare, wenn auch leise und feine Musik, die kein Vogel sang, noch von den Schwingungen einer irdischen Harfe kam – wie wenn du mit einer Freude gehst, die ihren Ursprung nicht kennt. Du saßest auf der Erde wie auf einem Floß und lauschtest einer Musik, die nicht von dieser Erde war, die sie dennoch regierte und ordnete. Der Mensch sollte eine singende, klingende Harfe sein. Schwer faßbar, daß einer aus sich heraustritt, in ferne Länder schweift, um dort Musik zu hören, anstatt so zu leben, daß er selbst die Lyra ist, auf deren Saiten der Hauch des Morgens die Melodie zum Erklingen bringt, die Welten schafft.« [29]

Henry David Thoreau

Ich meine ganz leise in mir *meine* Melodie zu vernehmen. Noch klingt sie ganz zaghaft. Doch ich erkenne sie sofort. Sie ist mir vertraut. Wie konnte ich sie nur vergessen? Sie ist mir vertraut, und doch ist auch etwas anderes an ihr. Sie kommt aus einer Tiefe in mir, die ich bisher nicht kannte. Sie klingt *noch* mehr nach mir. In ihr, was ich durch sie spüre, finde und entdecke ich *noch mehr* mich selbst. Ich bin noch mehr *ich selbst*.

Sieh das Licht in der Finsternis

Läßt du dich auf die Erfahrung der dunklen Nacht ein, wird es nach einer Phase großer Dunkelheit und totaler Finsternis immer heller in dir werden. Die Finsternis wird mit der Zeit zum Licht:

Alles Haften muß gelöst sein,
jedes Ding gelassen werden.
Dann vernimmt man auf dem verborgenen,
ganz und gar unbekannten,
überstrahlenden, allerhöchsten Gipfel
mit stillsprechendem Schweigen
Wunder über Wunder.
Man empfindet da neue,
abgeschiedene, unwandelbare Wunder
in der überlichten, dunklen Finsternis,
die da ein überklarer, lichtvoller Schein ist,
in dem alles widerleuchtet.[30]

Heinrich Seuse

Tagebuch 16. April

La ténèbre n'est point ténèbre devant toi:
la nuit comme le jour est lumiere
Die Finsternis ist nicht finster für dich
Die Nacht ist licht wie der Tag

Taizé-Lied

Immer wieder geht mir der Gesang dieses Liedes durch das Herz. Meine Seele badet sich darin, läßt sich davon aus dem Dunkel ins Licht führen. Sie führt mich aus dem Dunkel ins Licht. Du, mein Gott, machst meine Finsternis hell.

Darf ich meinen Gefühlen trauen? Kann es wirklich sein, daß die Finsternis, meine Finsternis, nicht länger finster ist für mich? Ja, ich spüre da irgendwo in mir eine leise Freude aufsteigen. Sie kommt aus der Tiefe – aus meinem Inneren.

Ich sehe die Alpen vor mir. Schneebedeckt, von Licht umhüllt. Doch gleich darüber breitet sich ein dunkler Wolkenteppich aus. Jetzt ziehen wie Nebelschwaden auch dunkle, traurige, angstbesetzte Gefühle in mir auf. Ich lasse sie zu. »Die Finsternis ist nicht finster für dich.«

Du wirst sicher gehalten

In dieser Zeit der Verwandlung darfst du darauf vertrauen, daß du nicht von Gott verlassen bist, so sehr du in dieser Zeit an seiner Hilfe und Gegenwart zweifelst, so sehr du gerade seine anscheinende Abwesenheit als unerträglich erleben magst.

Henri Nouwen schreibt in seinem »geheimen Tagebuch«, das er in einer Phase seines Lebens verfaßte, in der ihn große innere Unruhe und tiefe Angst erfaßt hatten:

Denke daran:
Du wirst sicher gehalten.
Du wirst geliebt.
Du wirst beschützt.
Du bist mit Gott verbunden
und mit denen,
die dir Gott geschickt hat.
Was von Gott ist,
hat Bestand.
Es gehört zum ewigen Leben.
Entscheide dich dafür,
und es wird dein sein.[31]

Tagebuch 16. April

Ich bin bei mir und in mir. Mehr als je zuvor. Das ist ein unheimlich schönes Gefühl. Es ist durch nichts ersetzbar. Es ist die Fülle des Lebens, das Erfahren des Augenblicks, das Erleben von Sein.

Warum meint man eigentlich 70 oder 80 Jahre alt werden zu müssen? Warum muß das ein Ziel sein? Das ist doch kein Ziel. Bei mir und in mir sein, *leben*, im Augenblick leben, das könnte ein Ziel sein. Darin liegt das Geheimnis des Lebens: im Moment leben. Auf diese Momente kommt es an. Sie zählen – und nicht die vielen Jahre. Sie sind für mich jedenfalls kein Maßstab für Leben. Einige Augenblicke wirklichen Lebens, in denen ich bei mir und in mir bin und in dieser Qualität und aus dieser Qualität von Leben heraus mit anderen bin, wiegen alle Jahre – und mögen es noch so viele sein – nicht gelebten Lebens auf, in denen das Leben nur meine Oberfläche berührt hat, nicht aber in mich eingedrungen ist.

Betrachte deine Krise als Geschenk in Verkleidung

Um dem Leben wieder einen Sinn abgewinnen zu können, mußt du lernen, tiefer zu sehen. Die Krise, in der du dich befindest, kann so zur Chance werden, dir die Augen zu öffnen für das, was du bisher nicht oder nicht so gesehen hast. Elisabeth Kübler-Ross schreibt:

»Wir sind alle so sehr darauf ausgerichtet und bestimmt, das zu bekommen, was wir wollen, daß wir die Lektion überhören, die wir durch die Erfahrung des Lebens lernen könnten. Viele meiner Aids-Patienten entdeckten, daß das letzte Jahr ihres Lebens ihr weitaus bestes Jahr war. Viele sagten, daß sie die reiche Qualität dieses letzten Jahres ihres Lebens nicht mit einem gesünderen Körper tauschen wollten. Es ist traurig, daß erst dann, wenn eine Tragödie uns trifft, die meisten von uns beginnen, tieferen Aspekten des Lebens ihre Aufmerksamkeit zu widmen. Es ist erst dann, daß wir versuchen, über die äußerlichen Bedürfnisse – wie Aussehen, wieviel Geld wir verdienen usw. – hinauszugehen, um zu entdecken, was wirklich wichtig ist... ›Krisen‹ können uns helfen, sehr vieles über uns selbst zu entdecken und so unser Leben bereichern... Wenn eine ›Katastrophe‹ unser Leben bereichert mit Geschenken, die üblicherweise für selbstverständlich betrachtet werden, ist das dann wirklich eine Katastrophe? Oder ist es ein Geschenk in Verkleidung?«[32]

Tagebuch 17. April

Es ist gegen drei Uhr in der Frühe. Jetzt schlaft ihr sicher noch, meine Freunde, ihr Schmetterlinge. Lange habe ich euch schon nicht mehr gesehen. Jetzt ist es Nacht, und ich denke an euch. Wie lange ihr wohl lebt? Vermutlich nur einen Sommer lang. Aber ihr lebt. Für einen Augenblick. Ein Aufleuchten für einen Moment. Früher hätte mich dieser Gedanke traurig gestimmt. So kurz. Was soll das? Macht das einen Sinn? Doch jetzt fasziniert mich die Vorstellung: für einen Augenblick aufleuchten, wirklich leben.

Ich erinnere mich an einen Artikel von Elisabeth Kübler-Ross, in dem sie von Aids-Patienten erzählt, die das eine Jahr, das sie noch lebten, als das schönste, das am tiefsten bewußt gelebte Jahr ihres Lebens erfahren hatten. Es wog alle bisherigen Jahre (und auch die zukünftigen?) auf.

wer mit sich selbst in frieden lebt,
der wird genauso sterben;
und ist selbst dann lebendiger
als alle seine erben.

Erlebe deine Traurigkeit als Zeit der Verwandlung

Wenn du in dieser Zeit Traurigkeit erlebst, kann das ein gutes Zeichen, ein Hoffnungszeichen sein. Du bist dabei, dich zu verwandeln. Rainer Maria Rilke schreibt:

»Sie haben viele und große Traurigkeiten gehabt, die vorübergingen. Und Sie sagen, daß auch dieses Vorübergehen schwer und verstimmend für Sie war. Aber, bitte, überlegen Sie, ob diese großen Traurigkeiten nicht vielmehr mitten durch Sie hindurchgegangen sind? Ob nicht vieles in Ihnen sich verwandelt hat, ob Sie nicht irgendwo, an irgendeiner Stelle Ihres Wesens sich verändert haben, während sie traurig waren? ... Wäre es uns möglich, weiter zu sehen, als unser Wissen reicht, und noch ein wenig über die Vorberge unseres Ahnens hinaus, vielleicht würden wir dann unsere Traurigkeiten mit größerem Vertrauen ertragen als unsere Freuden. Denn sie sind die Augenblicke, da etwas Neues in uns eingetreten ist, etwas Unbekanntes; unsere Gefühle verstummen in scheuer Befangenheit, alles in uns tritt zurück, es entsteht eine Stille, und das Neue, das niemand kennt, steht mitten darin und schweigt.« [33]

Tagebuch 17. April

Ich höre die Vögel singen. Ich spüre meinen Körper, der sich nach dem Holzhacken und Richten der Kisten wohlig anfühlt. Ich schaue auf den See. Entdecke ein Boot. Ich spüre einen leichten Druck auf meinem Kopf. Etwas Müdigkeit. Ich vernehme ein Sehnen in mir, einen Anflug von Freude und Dankbarkeit. Etwas Traurigkeit.

»Dies ist der tiefere Grund meines Daseins: im Grund meiner Seele Gott zu erahnen, der in mir wohnt und wirkt.« [34]

Gott wohnt in mir.
Du bist der Grund meines Da-Seins.
Du bist mein Grund.
Ohne dich bin ich grund-los.
Nur zu Dir hin
wird stille meine Seele
In diesem Grund,
in Dir,
möchte ich ruhen alle Zeit.
Jetzt
und in
Ewigkeit.

Mache dich auf eine Höllenfahrt gefaßt

Wenn du dich auf das Ich-Sterben einläßt, ist das nicht nur ein Ausflug mit Hindernissen. Es ist eher einer Höllenfahrt vergleichbar. Es ist brutal. Es ist ein Absturz in den Abgrund. Henri Nouwen berichtet über eine solche Erfahrung:

»Das Letzte, was ich als Konsequenz meines Anschlusses an die Gemeinschaft von Daybreak erwartet hätte, war dieser wahre Sturz in den Abgrund, bei dem man zerrissen und von innen nach außen gestülpt wird. Ich hatte erwartet, mit geistig Behinderten zusammenzuleben und sie zu betreuen, gestützt auf eine tiefe Freundschaft und umfangen von einem großartigen Netz christlicher Liebe. Ich habe nicht damit gerechnet, mit einer zweiten Einsamkeit zurechtkommen zu müssen ... Daran ist nichts bezaubernd oder romantisch. Es ist grausames Leid. Es ist Jesusnachfolge ins völlig Unbekannte. Es ist Entäußerung am Kreuz und Angewiesensein auf die Erwartung eines neuen Lebens und schieren Glauben. Aber dasselbe Kreuz, das dazu auffordert, dem abzusterben, was so gut und schön zu sein scheint, ist auch der Ort, an dem auch eine neue Gemeinschaft im Geist geboren wird. Jesu Tod ist das Sterben des Samenkorns gewesen, das reiche Frucht bringen sollte. Mein Leben wird nie Frucht bringen, wenn ich nicht bereit bin, denselben Leidensweg zu gehen, der aber auch ein Hoffnungsweg ist.« [35]

Tagebuch 17. April

Der Ich-Tod. Wenn mein Ich stirbt, mein Ego. Wenn mein Ich stirbt, damit das von mir und aus mir heraus leben kann, was leben will, was mein wahres Selbst ausmacht. Wenn mein Ich stirbt, damit der Weg frei ist, um zu meinem Selbst zu kommen. Damit aber auch der Weg frei ist, um zu Gott zu kommen.

Er entäußerte sich, nahm Knechtsgestalt an und wurde ein Mensch. Damit Gott in mir Mensch werden kann, muß ich mich entäußern, muß ich das in mir und von mir niederreißen, was ihn hindert, den ersten Platz in mir einzunehmen. Mich daran hindert, ihn wirklich bei mir Wohnung nehmen zu lassen. Erst wenn ich nichts mehr bin und ins Nichts hinein mich fallen lasse, kann ich Gott in mir entdecken. Das ist hart und brutal. Das ist (fast) zuviel verlangt.

Die Sonne geht unter. Die Abendwolken sind hell erleuchtet, später rötlich. Durch die Bäume schimmert das Abendrot. Ich muß sterben, um zu leben. Der Abschied vom Ich mit all seinen Illusionen, Eitelkeiten und seiner Oberflächlichkeit. Es versinkt. Versinkt im Abendrot. Stirbt.

Höre auf umherzuirren

Dann kommt der Augenblick, da du das Gefühl hast, angekommen zu sein. Traue diesem Gefühl. Du bist dabei heimzukommen

»Hör auf umherzuirren! Kehr statt dessen heim und vertrau darauf, daß Gott dir geben wird, was du brauchst. Dein Leben lang hast du dich nach Liebe gesehnt und sie überall gesucht. Es ist jetzt Zeit, mit dieser Suche Schluß zu machen. Hab Vertrauen, daß Gott dir diese alles erfüllende Liebe geben wird, und dies auf menschliche Weise. Bevor du stirbst, wird Gott dein Verlangen zutiefst stillen. Hör endlich auf umherzuirren und fang an zu vertrauen und zu empfangen.

Daheim ist dort, wo du wirklich sicher und geborgen bist; wo du erhältst, wonach du verlangst. Du brauchst menschliche Hände, die dich festhalten, damit du nicht davonläufst. Kehrst du aber heim und bleibst daheim, wirst du die Liebe finden, die dein Herz ruhen und rasten läßt.« [36]

Tagebuch 18. April

Ich spüre die Quelle in mir sprudeln. Das Wasser, das aus der Tiefe seinen Weg nach oben findet und – oben angekommen – sich ergießt. Höre ich das Sprudeln? Bin ich zu meiner Quelle durchgedrungen? Ist der Weg dahin wieder frei? Ich lausche auf das Sprudeln, bleibe in Berührung mit dem sprudelnden Wasser in mir. Ruhe, Da-Sein, leise Freude. In den Träumen der Nacht geht es um Hochzeit, Feste, ein kleines pausbäckiges Kind, das mir freudig entgegen rennt. Es geht um *Heimkehren.*

»wer schmetterlinge lachen hört, der weiß wie wolken schmecken.« – Bei meiner Ausbildung zum Psychotherapeuten in den USA bin ich zum ersten Mal dem Begriff ›Butterfly‹ begegnet. Wenn ich sehe, wie sich beim anderen der Bauch hin- und her bewegt, die innere Erregung bei ihm deutlich wird, dann spreche ich von seinem ›Butterfly‹. Es ist die Bewegung, die typisch ist für den schnellen Flügelschlag der Schmetterlinge.

Als ich zur Arbeit ging, um das Laub zusammenzurechen, hörte ich mich pfeifen. Wann habe ich zum letzten Mal gepfiffen? Ist das Ausdruck des aufsprudelnden Wassers aus meiner Quelle, die zugleich die Quelle meiner Freude, meiner Fähigkeit zur Freude ist? »wer schmetterlinge lachen hört.« Höre ich euch, meine Schmetterlinge, in mir? Vernehme ich aus der Ferne euer Lachen, das in der Tiefe meiner Seele widerhallt? Bin ich da angekommen, wo ich es vernehmen, hören kann?

6. NACHTS BRICHT DER TAG AN

Denn es ist ein Licht,
das an einem finsteren Ort scheint,
bis der Tag anbricht
und der Morgenstern aufgeht
in eurem Herzen.

Zweiter Brief des Petrus, 1,19

Lasse den Morgenstern in deinem Herzen aufgehen

»Wir sind nicht irgendwelchen klugen ausgedachten Geschichten gefolgt, als wir euch die machtvolle Ankunft Jesu Christi, unseres Herrn, verkündeten, sondern waren Augenzeugen seiner Macht und Größe. Er hat von Gott, dem Vater, Ehre und Herrlichkeit empfangen, denn er hörte die Stimme der erhabenen Herrlichkeit, die zu ihm sprach: Das ist mein geliebter Sohn, an dem ich Gefallen gefunden habe. Diese Stimme, die vom Himmel kam, haben wir gehört, als wir mit ihm auf dem heiligen Berg waren. Dadurch ist das Wort des Propheten für uns noch sicherer geworden, und ihr tut gut daran, es zu beachten:

Denn es ist ein Licht, das an einem finsteren Ort scheint, bis der Tag anbricht und der Morgenstern aufgeht in euren Herzen.«

2 *Petrus* 1,16–19

Irgendwann – du kannst es nicht machen, nur erhoffen – ist es soweit: Der Morgenstern geht auf in dir, und es geschieht das Wunder, von dem Johannes Tauler sagt:

Die dritte Geburt besteht darin,
daß Gott alle Tage und zu jeglicher Stunde
in wahrer und geistiger Weise
durch Gnade und aus Liebe
in einer guten Seele geboren wird.[37]

Tagebuch 18. April

La ténèbre n'est point ténèbre devant toi
Die Finsternis ist nicht finster für dich

Ich wache aus dem Halbschlaf auf und spüre das Licht in mir. Die Finsternis, das Dunkle – es ist übergegangen in ein Licht, eine Helligkeit, die meinen Kopf durchstrahlt, mich fast fassungslos sein läßt. Das Schwere ist verschwunden. Es ist, als seien mir Schuppen von den Augen gefallen. Was ich bisher nur mit trüben Augen wahrnehmen konnte, ist jetzt in ein leuchtendes Licht, eine große Helle eingetaucht. Bin ich durch? Ist die dunkle Nacht vorüber? Der Tag angebrochen? In mir formt sich ein Text von Hans Sachs und die Melodie dazu, die Richard Wagner komponiert hat:

Es nahet gen den Tag
Ich hör singen im Hag
Ein wonnigliche Nachtigall
Ihr Stimm durchdringet Berg und Tal
Die Nacht neigt sich zum Okzident
Der Tag geht auf im Orient
Die aufstrahlende Morgenröt
Her durch die trüben Wolken geht.

O lebendige Liebesflamme – tötend hast du den Tod in Leben verwandelt

Jetzt kannst du in den Gesang Johannes vom Kreuz' einstimmen:

O lebendige Liebesflamme,
die du zart verwundest
meine Seele in der tiefsten Mitte!
Da du nicht mehr spröde bist,
vollende, wenn du willst,
zerreiß die Hülle dieser zärtlichen Begegnung!

O sanfte Gefangenschaft!
O geschenkte Wunde!
O milde Hand! O zarte Berührung,
die nach ewigem Leben schmeckt
und jede Schuld tilgt!
Tötend hast du Tod in Leben umgewandelt.[38]

Tagebuch 18. April

Das Schwarzbrot des Alltags. Der Alltag hier. Es ist nach wie vor gut hier zu sein. Doch der Zauber des Anfangs läßt nach. Jetzt gilt es, auch hier die Wirklichkeit anzunehmen, wie es später gilt, die Wirklichkeit des Alltags zu Hause, bei der Arbeit anzunehmen.

Ich fühle mich müde. Wie nach einem schweren Kampf. Es geschieht ja auch vieles in mir. Und es soll geschehen, darf geschehen.

»Zu sagen den Gefangenen: Geht heraus! Und zu denen in der Finsternis: Kommt hervor«, heißt es in einem Psalmwort. Jetzt ist die Zeit, herauszugehen aus dem Verlies, dem Gefängnis, hinaus ins Weite, in die Welt, in den Alltag. Jetzt ist die Zeit, herauszutreten aus der Finsternis ins Licht.

Damit das Licht mir leuchtet, durch mich hindurch strahlen kann, ich mich zeigen kann, ich transparent sein kann.

Laß dich zärtlich zur Liebe führen

O Leuchter aus Feuer,
deren Widerschein
den tiefen Höhlen der Sinne,
die finster und blind waren,
in seltener Pracht
Wärme und Licht verleihen,
dem Liebsten zur Seite.

Wie sanft und liebevoll
erwachst du in meinem Schoße,
wo du insgeheim alleine wohnst!
Und mit deinem köstlichen Sehnen,
voll des Guten und der Herrlichkeit,
wie zärtlich führst du mich zur Liebe! [39]

Johannes vom Kreuz
(Lebendige Liebesflamme, dritte und vierte Strophe)

Tagebuch 18. April

Der wird im Mondschein, ungestört von furcht,
die Nacht entdecken.

Und *wie* das schön ist. Im Mondschein die Nacht zu erfahren. Voll-Mond. Sterne am Himmel sichtbar. Es ist 22 Uhr. Die Glocken läuten.

»wer mit sich selbst im frieden lebt,
der wird genauso sterben«

Wenn eines Tages Glockengeläute
meinen letzten Weg begleitet,
dann soll es sein wie heute.
Frieden, einfach da-sein,
ein-atmen, aus-atmen.
Leben, Sterben, Sein im Leben und
im Tod.

und ist selbst dann lebendiger
als alle seine erben

Einfach leben,
einfach sterben,
Amen.

Traue deinem Grund

Die Erfahrungen der dunklen Nacht, die Begegnung mit dem Nichts gründen dich, indem sie dich in die Tiefe deines Selbst hineinführen. Damit einher geht die Befreiung von einer zu großen Konzentration auf dein Ich. Läßt du dich auf diesen Prozeß ein, dem sehr oft ein einschneidendes Ereignis in deinem Leben vorausgeht, gehst du verwandelt daraus hervor. Du erlebst dich als jemand, der mit seiner Tiefe in Kontakt gekommen ist, sich von daher als tief-gründiger erfährt, der liebevoller sich selbst und seiner Umwelt gegenüber ist und der eine innere Stärke verspürt, die er so bisher bei sich nicht kannte. Du kannst dir wieder vertrauen oder vielleicht das erste Mal in deinem Leben überhaupt dir selbst vertrauen. Jetzt traust du deinem eigenen Grund, nachdem du mit deinem Ur-Grund in Berührung gekommen bist.

Der Weg der Erlösung
führt nach links und nicht nach rechts,
er führt ins eigene Herz,
und dort allein ist Gott,
und dort allein ist Frieden.[40]

Hermann Hesse

Tagebuch 19. April

Ur-Vertrauen
Dieses Ur-Vertrauen in mein Leben
Hatte ich verloren
An seine Stelle war Angst
Abgrund-tiefe Angst getreten

Zu diesem Ur-Vertrauen
Will ich wieder finden –
Und ich bin dabei
Im Zu-Grunde-Gehen
Es neu zu erlangen

Es gründet
In Gott
Dem einzigen Grund
Meines Lebens
Grund-findend in ihm
Bin ich gegründet

»Du, Gott
bist der Grund meiner Hoffnung
Du lebst als tiefes Geheimnis in mir«

Laß das Neue in dein Herz eintreten

Alles braucht seine Zeit. Auch Verwandlung. Sei nicht verzagt, wenn Zeiten der Erleichterung von Zeiten abgelöst werden, in denen du wieder deine Traurigkeit spürst. Rainer Maria Rilke sagt von solchen Zeiten:

»Ich glaube, daß fast alle unsere Traurigkeiten Momente der Spannung sind, die wir als Lähmung empfinden, weil wir unsere befremdeten Gefühle nicht mehr reden hören. Weil wir mit dem Fremden, das bei uns eingetreten ist, allein sind; weil uns alles Vertraute und Gewohnte für einen Augenblick fortgenommen ist; weil wir mitten in einem Übergang stehen, wo wir nicht stehenbleiben können. Darum geht die Traurigkeit auch vorüber: das Neue in uns, das Hinzugekommene, ist in unser Herz eingetreten. Ist in seine innerste Kammer gegangen und ist auch dort nicht mehr, – ist schon im Blut. Und wir erfahren nicht, was es war. Man könnte uns leicht glauben machen, es sei nichts geschehen, und doch haben wir uns verwandelt, wie ein Haus sich verwandelt, in welches ein Gast eingetreten ist ...

Je stiller, geduldiger und offener wir für das Traurige sind, um so tiefer und um so unbeirrbarer geht das Neue in uns ein, um so besser erwerben wir es, um so mehr wird es unser Schicksal sein, und wir werden uns ihm, wenn es eines späten Tages ›geschieht‹ (das heißt aus uns heraus zu den anderen tritt), im Innersten verwandt und nahe fühlen.« [41]

Tagebuch 19. April

Heute könntet ihr euch eigentlich wieder zeigen, meine Schmetterlinge. Das Wetter ist schön und warm. Doch ich habe den ganzen Tag über noch keinen von euch gesehen. Dafür schwirren die ersten Bienen aus. Die Sehnsucht, euer Lachen zu hören, ist kleiner geworden. Ist die Verwandlung bereits geschehen? Ist aus der Raupe ein Schmetterling geworden?

Eher erscheint es mir, daß ich mich mitten im Verwandlungsprozeß befinde. Alles konzentriert sich nach innen. Ich nehme das Außen zwar bewußt wahr, doch fühle ich mich ganz stark in mir selbst drinnen. Wie ein Sog, der nach innen geht. Ruhe vor dem Sturm. Ruhe vor dem Durchbruch. Zeit des Wachsens. Ruhe, damit in mir wachsen kann, was – endlich – wachsen will. Einfach da-sein, einfach leben, damit Gott in mir wachsen kann. Er sich in mir entfalten, in mir aufblühen kann. Er in mir geboren werden kann.

Ich bin einfach da. Müde, nicht gerade traurig, aber auch nicht froh. Ich bin einfach da, lebe einfach, atme, sitze, schreibe, höre das Plätschern des Brunnens, das Zwitschern der Vögel, aus der Ferne Geräusche von Autos, Stimmen von Menschen – ganz weit weg. Ich spüre die Sonne, ihre Wärme, schaue auf den See. Ich bin einfach da. Ich lausche, um das Lachen der Schmetterlinge zu hören, muß schmunzeln, während ich das schreibe und warte – bis zu dem Tag, der Stunde, dem Augenblick, an dem ich das Lachen der Schmetterlinge hören und wissen werde, wie Wolken schmecken.

Deine Seele wird ruhig

Deine Seele wird mit der Zeit ruhig. Etwas in dir ist befriedigt. Du spürst nicht länger die Zerrissenheit und Angst, die dein Leben zur Hölle machten. Du spürst zunehmend Gelassenheit und kannst mit dem Psalmisten sprechen:

Herr, du hast mich erforscht
Und du kennst mich.

Ob ich sitze oder stehe,
Du weißt von mir.
Von fern erkennst du meine Gedanken.

Ob ich gehe oder ruhe,
Es ist dir bekannt;
Du bist vertraut mit all meinen Wegen.

Noch liegt mir das Wort nicht auf der Zunge –
Du, Herr, kennst es bereits.

Du umschließt mich von allen Seiten
Und legst deine Hand auf mich.

Zu wunderbar ist für mich dieses Wissen,
Zu hoch, ich kann es nicht begreifen.

Psalm 139,1–6

Tagebuch 19. April

Wieder Vollmond,
Nacht,
Der Mond, der den See erleuchtet.
Ungestört,
Von Furcht,
Die Nacht entdecken.
Ungestört,
Von Unfriede,
Haß,
Elend,
Gewalt.
Nicht daran verzweifeln.
Ungestört,
Gelassen,
Dem Leben
Und dem Tod
Ins Auge sehen.

»und ist selbst dann
lebendiger
als alle seine erben«

7. DIE MORGENRÖTE STEIGT AUF IN DIR

Stumm war alles, still und öde,
Einsam Gott zum erstenmal.
Da erschuf er Morgenröte,
Die erbarmte sich der Qual.
Sie entwickelte dem Trüben
Ein erklingend Farbenspiel,
Und nun konnte wieder lieben,
Was erst auseinanderfiel.

Johann Wolfgang Goethe

Alles in dir erwacht

Dann ist es soweit: Der Morgen bricht an in dir. Das Morgenrot steigt auf in dir. Aus der Nacht wird Tag. Dankbarkeit macht sich in dir breit. Alles in dir erwacht und ist bereit, das in dir aufsteigende Morgenrot zu begrüßen. Voll Staunen und Freude kannst du mit Psalm 108 (1–3) sprechen:

Mein Herz ist bereit, o Gott,
Mein Herz ist bereit,
Ich will dir singen und spielen.

Wach auf, meine Seele!
Wacht auf Harfe und Saitenspiel!
Ich will das Morgenrot wecken.

Tagebuch 20. April

Die Morgenröte steigt auf,
Sehnsucht macht sich breit.
Dieses zarte Rot
Ist ein Abbild meiner Seele,
Ein Bild
Für die Morgenröte
In mir,
Deren Aufgehen
Ich erfahren darf.

Gott wacht auf in mir.
Er steigt auf in mir,
Aus meiner Tiefe
Und erfüllt mich.
Ich höre
Die Schmetterlinge lachen.
Ich w e i ß jetzt
Wie die Wolken schmecken.

Du darfst etwas sehen, was unbeschreiblich ist

Wenn es soweit ist, und du eine Ahnung davon bekommst, was das heißt, daß Gott in dir wohnt, fehlen die Worte, die das angemessen beschreiben können. Du darfst etwas ›sehen‹, etwas erfahren und erahnen, was unbeschreiblich ist. Walter Schubart versucht, diese Erfahrung in Worte zu fassen, wenn er schreibt:

»Für die mystische Metaphysik ist die Gottesgeburt im Menschen das Höchste, was der Mensch erlangen kann, und erlangt er es, so erfüllt sich in seliger Minute der Sinn des Alls. Das Gipfelerlebnis des persönlichen Lebens und der Weltzweck berühren sich, das Gewölk zerreißt, und wir werfen einen trunkenen Blick tiefsten Verstehens in den göttlichen Urgrund der Dinge.« [42]

Tagebuch 20. April

Es hat nicht geblitzt und nicht gekracht
Der Sturm vom Osten
Der das Horn zerschmettert (Elgar, Psalm 48,8)
Bleibt aus.
Leise, fast unbemerkbar,
Steigt Gott empor,
Geht auf in mir
Taucht alles in mir
In das Licht seiner Morgenröte
Und bleibt da

Entdecke den verborgenen Garten in dir

Wenn du zu Grunde gegangen bist und zu deinem Grund gefunden hast, ist das vergleichbar mit der Entdeckung eines dir bis jetzt verborgenen Gartens in dir. Jetzt steht er dir als fruchtbarer Boden zur Verfügung.

Wie die Kinder, die in dem Film *The Secret Garden* einen bis jetzt vernachlässigten Platz voller Schönheit entdecken, hatte ich in der Mitte des Lebens in mir einen Garten entdeckt, der der Achtsamkeit bedurfte und nun zu blühen begann.

In ihrem Buch *Dear heart come home* beschreibt Joyce Rupp die Wirkung des Films auf sie mit bewegenden Worten:

»Als der geheimnisvolle Augenblick des Frühlings in das englische Moor zurückkehrt, füllt sich der Garten mit Leben. Die Samen, die die Kinder gesät haben, schicken lange Stiele aus der Erde. Sie strecken sich in langsamer Bewegung nach oben, den Platz mit ihrem Grün füllend. Knospen formen sich, und vor den Augen der Betrachter entfalten sich plötzlich in farbenprächtiger Herrlichkeit wunderschöne Blumen.

Als der Garten so zum Leben erwachte, strömten Tränen aus meinen Augen. Ich konnte nur noch weinen. Doch es waren keine Tränen der Traurigkeit. Sie kamen vielmehr aus einem tiefen Raum in mir, der meine ›Midlife-Reise‹ würdigte und voller Dankbarkeit dafür war, daß ich die Zeit des Kämpfens überlebt hatte. Ich fühlte mich wie die Blumen im Garten, die soeben vor meinen Augen lebendig geworden waren.« [43]

Tagebuch 20. April

»Die Seele entfaltet sich wie eine Lotusblume mit zahllosen Blättern.«

Khalil Gibran

Gott
entfaltet sich
in mir
wie eine Lotusblume.

Er blüht und erblüht
in mir
und läßt
mich
blühen und
erblühen.

Meine Seele
hat zu Gott gefunden.
Sie hat mich
mit dem Göttlichen
in mir
verbunden,
so daß Gott
in mir
und ich
in Gott
erblühen und
leben kann.

8. FROHLOCKE

*Frohlocket, ihr Chöre der Engel,
frohlocket, ihr himmlischen Scharen,
lasset die Posaune erschallen,
preiset den Sieger, den erhabenen König!
Lobsinge, du Erde,
überstrahlt vom Glanz aus der Höhe!
Licht des großen Königs umleuchtet dich.
Siehe, geschwunden ist allerorten das Dunkel.*

*Anfang des Exsultet der Osternacht
(circa 4. Jahrhundert)*

Tanze

Jetzt ist die Zeit der Tränen und der Gefangenschaft vorbei. Du bist befreit und kannst mit Paukenschlag und Tanz hinter Mirjam herziehen. Im Buch Exodus lesen wir:

»Die Prophetin Mirjam, die Schwester Aarons, nahm die Pauke in die Hand, und alle Frauen zogen mit Paukenschlag und Tanz hinter ihr her. Mirjam sang ihnen vor:

Singt dem Herrn ein Lied, denn er ist hoch und erhaben! Rosse und Wagen warf er ins Meer.«

(Exodus 15,20f.)

Claudia Mitscha-Eibl hat das Mirjam-Lied in einem ergreifenden Gedicht verarbeitet, das dazu einlädt, sich dem Tanzen zu überlassen:

Die Bande der Knechtschaft, die fall'n langsam ab,
die Schritte verlernen den Trott.
Entwachsen den Ketten, entstiegen dem Grab:
das Leben besiegte den Tod.
Ihr Weg ist noch weit, doch sie haben die Kraft,
denn in ihrem Herzen ist Gott.

Denn Mirjam, Mirjam schlug auf die Pauke
und Mirjam tanzte vor ihnen her.
Alle, alle fingen zu tanzen an,
tanzend zogen sie durchs Meer.
Frauen tanzten, es tanzten die Männer
und Wellen, Wolken, alles tanzt mit.
Mirjam, Mirjam hob ihre Stimme und sang
für Jahwe, sang ihr Lied.

Tagebuch 20. April

Friedrich Nietzsche hat den Geist der Schwere als den ›Dämon schlechthin‹ bezeichnet. »Daraus ist das Sehnsuchtsbild jenes Menschen entstanden, ›der tanzen kann‹. Das Gefühl der Leichtigkeit; Kraft zu schweben, zu steigen«, ist für Nietzsche »letzter Wert«. [44]

Das Sehnsuchtsbild jenes Menschen, der tanzen kann... »Danke für den Tanz«, sagt Antoine. Ich wußte zunächst nicht, was er damit meinte. Ich hatte den Rasen gemäht und dabei Blumeninseln ausgelassen. So sah es aus, als sei ich mit dem Rasenmäher durch die Wiese getanzt, mal ovale, dann kleine runde Blumeninseln auslassend.

Ich tanze gern. Einfach so. Und ich kenne die Sehnsucht zu tanzen. Im Augenblick ziehe ich aber die Ruhe, das Einfach-bei-mir-Sein dem Tanzen vor. Ich sitze auf der Bank. Sitze einfach da. Schaue vor mich hin. Genieße die Sonne. Ich laufe über den Waldboden, trete auf einen dürren dicken Ast. Es kracht. Als ich ›durch-brach‹, in die Tiefe ›ein-brach‹, hatte ich dieses Geräusch erwartet. Doch es blieb aus.

Der Einbruch ist längst erfolgt, hat sich über Jahre, Monate unter Schmerzen, Kämpfen, Schwermut, Angst dahin gezogen. Jetzt am Schluß war es fast unerträglich geworden, zum Verrückt-Werden, so daß ich am liebsten wieder zurückgekehrt wäre. Doch da gab es kein Zurück mehr. Jetzt hieß es nur: durchhalten, nicht verzweifeln, nicht verzagen. Durchhalten bis zum Ende.

Laß das göttliche Feuer in dir brennen

Wenn der göttliche Funken in dir wieder Feuer fängt, spürst du neues Leben in dir. Du kannst wie beim Exsultet der Osternacht ein Hohes Lied auf die göttliche Flamme in dir anstimmen, die wieder in dir brennt – das Fest der Auferstehung kann beginnen.
Im Exsultet der Osternacht singen wir:

»Diese Kerze leuchtet in ungeschwächtem Glanze fort, das Dunkle der Nacht zu vertreiben. Als lieblicher Wohlgeruch werde sie von dir angenommen; ihr Schein mische sich in die Lichter am Himmel. Der aufgehende Morgenstern schaue noch ihre Flamme, jener Morgenstern, der keinen Untergang kennt; jener, der aus dem Totenreich wiederkehrt, dem Menschengeschlecht aufleuchtet im milden Glanze.«

Die Freude geht über in Jubel, vermischt sich mit dem Lachen der Engel zum Ostergelächter.

Tagebuch 20. April

Heute sehe ich endlich wieder Schmetterlinge, einen Kohlweißling, dann einen Zitronenfalter. Ich glaube, ich werde nicht zum nahe gelegenen Schmetterlingshaus gehen. Es geht mir nicht darum, Schmetterlinge anzuschauen. Jetzt, da ich euer Lachen vernommen habe, freue ich mich einfach an euch und eurem Gelächter. Die schmerzliche Sehnsucht nach eurem Lachen ist verklungen.

Manchmal meine ich Dürrenmatts lautes, spöttisches Gelächter, das am Ende seines Romans *Durcheinandertal* ertönt, als Echo von weither vernehmen zu können. Dann aber vernehme ich ganz leise in mir das Lachen der Schmetterlinge, voller Freude am Leben und darüber, daß ich lebe. Und ich beginne, mit ihnen zu lachen, zunächst zaghaft, dann immer lauter, immer froher, immer unbekümmerter. Und mein Lachen geht über in Tanzen.

Es wird hell in dir

Können Worte erklären, vermitteln, was geschieht, wenn es in dir hell wird? Sie können es zumindest versuchen. Am ehesten gelingt das vielleicht den Dichtern:

Und mit einemmale riß
das Band der Geburt –
des Lichtes Fessel.
Hin floh
die irdische Herrlichkeit,
und meine Trauer mit ihr –
zusammen floß die Wehmuth
in eine neue, unergründliche Welt –
du Nachtbegeisterung,
Schlummer des Himmels
kamst über mich –
die Gegend hob sich sacht empor;
über der Gegend schwebte
mein entbundener, neugeborener Geist.
Zur Staubwolke wurde der Hügel –
durch die Wolke sah ich
die verklärten Züge der Geliebten.
In ihren Augen
ruhte die Ewigkeit.[45]

Novalis

Tagebuch 20. April

Nacht. Der Mond halb im Dunst versunken, dunkelrot, wie aufstrahlend, aufsteigend. Gott in mir, der dunkelrot leuchtet, meine Seele, die mich erhellt, alles in mir in ihr geheimnisvolles, ewiges Licht taucht. All meine Sehnsucht sammelt sich darin, trägt dazu bei, Dich, meinen Gott, noch tiefer, noch inniger, noch lebendiger zu erfahren.

21. April

»Bei Mondschein gehören wir nicht der irdischen, sondern einer spirituellen Erde an.« [46]

Henry David Thoreau

Der Mond, der über der Nacht leuchtet oder die auf- und untergehende Sonne mit ihren so einzigartig zärtlichen Farben, sind für mich Bilder meiner Seele. Sie sind zugleich Bilder für Gott, der in mir zu Grunde geht, untergeht *und* aufgeht. Der in mir seine zärtlichen Farben, seine wohltuende Atmosphäre verbreitet. So erlebe ich im Schauen der aufgehenden Sonne zugleich Gott, der in mir aufgeht, mich mit seiner Anwesenheit und durch seine Anwesenheit erfüllt.

›Gott ergießt sich in deine Seele mit Licht‹

Neben den Dichtern vermögen vor allem die Mystiker mit ihren Erfahrungen und Bildern zu beschreiben, was wir erfahren, wenn Gott sich in unsere Seele ergießt, wir seine Nähe spüren dürfen, er in uns aufgeht. So Meister Eckhart, wenn er sagt:

In der ewigen Geburt,
die im Grund
und im Innersten
der Seele geschieht,
ergießt sich Gott in die Seele mit Licht,
so daß das Licht so groß wird im Wesensgrund,
daß es sich ergießt und überfließt
in die Kräfte der Seele
und in den äußeren Menschen.[47]

Tagebuch 20. April

Immer noch staune ich,
wie leise, fast unbemerkbar
Gott in mir aufscheint.
Gott, den ich so lange vermißte.
Der mir,
so fürchtete ich zwischendurch,
fast fremd geworden war.

»Und es ward eine Finsternis über das ganze Land bis an die neunte Stunde, *und die Sonne verlor ihren Schein,* und der Vorhang des Tempels zerriß mitten entzwei.«

Lukas 23, 44f.

Das kenne ich. Das ging dem Sonnenaufgang voraus. Das war heftig. Da riß und zerrte es an mir. Da war Kampf. Da waren Schmerzen, Verzweiflung, Dunkelheit. Und jetzt geht die Sonne einfach auf, jetzt scheint der Mond am Himmel. Einfach so. So selbstverständlich.

»So wird mir nichts mehr fehlen,
Und ich finde Geborgenheit in Dir.«

Wie eine zärtliche Berührung

Wenn Gott in dir geboren wird, erlebst du das wie eine zärtliche Berührung. Du fühlst dich geborgen und wirst ruhig von der Erfahrung seiner unaufdringlichen, stillen Gegenwart. Jetzt ist es an der Zeit, selbst stille zu werden und dem Säuseln des Windes zu lauschen, in dem Er sich bemerkbar macht.

»Komm heraus und stell dich auf den Berg vor den Herrn! Da zog der Herr vorüber. Ein starker, heftiger Sturm, der die Berge zerriß und die Felsen zerbrach, ging dem Herrn voraus. Doch der Herr war nicht im Sturm. Nach dem Sturm kam ein Erdbeben. Doch der Herr war nicht im Erdbeben. Nach dem Beben kam ein Feuer. Doch der Herr war nicht im Feuer. Nach dem Feuer kam ein sanftes, leises Säuseln. Als Elija es hörte, hüllte er sein Gesicht in den Mantel, trat hinaus und stellte sich an den Eingang der Höhle.«

1 *Könige* 19, 11–13

Tagebuch 22. April

Ich hätte es wissen müssen. Nicht im Sturm kündigt sich Gott an, sondern im Säuseln des Windes.

»Die Vögel hören auf zu singen, während die Insekten ihr unentwegtes Summen fortsetzen. Ich glaube, daß das Flügelschlagen der kleinen Mücken, die schon seit einigen Wochen ausschwärmen, ein Geräusch verursacht, das manche Ohren hören können. Man darf wohl sagen, daß das Beben der Flügel jeder Schnake den Menschen etwas mitteilen will. Kurz und gut, es gibt für mich kaum eine Musik, die mich so verzaubert wie dieses Flattern eines Insektenflügels in einem stillen Winkel im Frühling.« [48]

Henry David Thoreau

Ein warmer Tag. Überall schwirren jetzt die Schmetterlinge herum. Sie gehören wie selbstverständlich zur Landschaft. Ich registriere sie froh.

Überlasse dich Gott

Jetzt ist Ostern für dich. Es ist nicht das ›Freude-schöner-Götterfunken-Gefühl‹, das über diesem Tag steht. Es ist nicht die Freude, die das Erdenrund erfüllt und die Hölle in ihrem tiefsten Grund knirschen läßt, wie es in einem alten Osterlied heißt. Es ist auch nicht ein glühendes Morgenrot, das dich herausreißt und in Jubel versetzt. Es ist einem Morgenrot vergleichbar, das du in dir fühlst, das in dir aufgeht. Dieses Ostern ist ein ruhiges, zärtliches Sich-Regen, eine stille, tiefempfundene Freude, eine tiefempfundene Dankbarkeit. Es ist ein Verweilen im Augenblick, Gelassenheit und ein grenzenloses Vertrauen in Gott. In ihm findest du Ruhe. In dieser Unergründlichkeit haben alle Gesichter und Zerrbilder, aller Wahn, alles Liebesleid, alle Verletzungen und Wunden, alles Sehnen und alle Verzweiflung Platz. Dort hinein kannst du sie versenken. Dort sind sie geborgen.

In der Lesung der Osternacht sagt Paulus: »Wenn wir nämlich mit der Gestalt seines Todes vereinigt worden sind, dann werden wir es auch mit der Gestalt seiner Auferstehung sein.« (Römer 6,5) In der Unergründlichkeit, in Gott bündelt sich alles, kommt alles zusammen, kommst du mit dem Eigentlichen in Berührung und dabei auch mit dem, was dir und Gott gemeinsam ist und euch verbindet.

Tagebuch 23. April

Antoine hat das Labyrinth im Gras erneuert. Ich bin es abgelaufen. Das Abenteuer, auf das wir uns in unserem Leben einlassen *müssen*, müssen wir, so Joseph Campbell, »nicht alleine gehen«. Viele haben vor uns dieses Labyrinth durchschritten. Der Weg durch das Labyrinth ist bekannt. Wir müssen nur dem von unseren Vor-Gängern ausgelegten Faden folgen, um schließlich zum Zentrum unserer eigenen Existenz zu gelangen.

Das ist der Augenblick, an dem wir heimgekommen sind, wir *da* angekommen sind, wo anzukommen es uns so sehr verlangte. Wir spüren wieder Boden unter den Füßen. Es ist *unser* Boden. Es ist *uns* vertrauter Boden. Wir haben wieder, was wir glaubten, verloren zu haben. Doch es ist nicht das Stück Land, der Ort, der einmal unsere Heimat war, sondern die Gewißheit, bei uns angekommen zu sein, in uns ein Zuhause gefunden zu haben. Das aber ist unendlich beglückend. Wir sind an dem Ort unserer Sehnsucht angekommen. Unsere Seele fordert uns zum Tanz auf. Jetzt fängt ein neues Leben an.

Es regnet. Der Wald riecht nach Regen. Ein Vögelchen hat sich in den Wintergarten verirrt. Vollkommen erschöpft und erschrocken sitzt es am Boden. Daniela nimmt es ganz vorsichtig in die Hand und setzt es an den Brunnen. Ob es fliegen wird? Wir beobachten es vom Fenster aus. Noch immer sitzt es da. Da kommt ein anderer Vogel angeflogen, und im gleichen Augenblick fliegt unser Vögelchen davon. Heute ist Ostern.

9. DAS REICH GOTTES IN DIR

Ich habe jetzt schon alles das,
was ich ewiglich haben soll,
was uns aber verborgen ist.
Diesen Schatz, das ist das Reich Gottes,
den haben verborgen die Zeit
und die Vielheit der Dinge
und die eigenen Werke des Menschen.
Je mehr sich nun der Mensch scheidet
von all dieser Vielheit,
um so mehr entdeckt er in sich
das Reich Gottes. [49]

Meister Eckhart

Bewahre das Reich Gottes in dir

Du mußt jetzt das Reich Gottes nicht mehr außerhalb deiner selbst suchen, du hast es *in* dir gefunden. Beseelt davon wirst du es jetzt auch außerhalb von dir entdekken und zu seiner Verwirklichung beitragen. Johannes Tauler sagt:

> *Das innerliche Gott-Suchen besteht darin,*
> *daß der Mensch hineingeht in seinen eigenen Grund,*
> *in das Innerste und da den Herrn sucht;*
> *wie er uns auch selber angewiesen hat, da er sprach:*
> *›Das Reich Gottes, das ist in euch!‹*
> *Wer dieses Reich finden will –*
> *das ist Gott mit all seinem Reichtum –,*
> *der muß da suchen, wo es ist:*
> *nämlich im innersten Grund,*
> *wo Gott dem Menschen näher und inwendiger ist,*
> *weit mehr als er sich selbst.*[50]

Tagebuch 24. April

Die ekstatisch tanzende Catharina, der so ausgeglichen wirkende Sonderschullehrer, der sich auf seine Yoga-Stunde am Abend freut, der konsequente Pierre, der sich einen freien Tag nimmt, spazierengeht, und das, was er sagt, einfach Tag für Tag lebt, die Kinder, die das Leben spielen, die Schmetterlinge, die nicht länger als Raupen kriechen, sondern fliegen können – sie alle erinnern mich an meinen verborgenen Garten, an meine unerfüllten, aber erfüllbaren Sehnsüchte.

Ich habe den Zugang zu meinem verborgenen Garten gefunden. Ich weiß jetzt nicht nur, daß es diesen Garten in mir gibt. Ich kann diesen Garten besuchen. Und ich besuche ihn. Immer und immer wieder. Er ist in mir. Er ist ganz tief in mir. Ich sehe ihn vor mir. Nein, ich habe ein Gefühl von ihm in mir. Der Garten, das Bild von ihm, ist ein Symbol für den Raum in mir, den ich wieder oder überhaupt erst entdeckt habe. Ich weiß, daß ich dort finde, was ich bisher oft anderswo suchte. Ich weiß, daß ich von dort Anregungen bekomme für das, was mir fehlte, daß ich zufriedener bin, wenn ich auf die Stimme höre, die von dort kommt.

Es liegt an mir, ob ich dieser Stimme folge oder den Einflüsterungen, die von außerhalb jenes Bereiches kommen. Folge ich der inneren Stimme, wird mein Leben sinn-voll und glücklich sein. Gehorche ich den anderen Stimmen, werden sie mich von meinem Garten, meinem inneren Bereich, mir selbst wegführen.

Nehme dich an, wie du bist

Die Krise ist nach Pierre Stutz eine Chance, daß Gott in mir neu geboren wird. Sie sei eine Herausforderung, zu Selbsterkenntnis und Gelassenheit zu gelangen und den Abstieg in den eigenen Abgrund zu wagen. In einem Brief an Johannes Tauler schreibt er:

»Erst jetzt entdecke ich, warum mich deine Ermutigung zur Gelassenheit so aufwühlt und anspricht zugleich. Es geht um ganz neue Grundhaltungen in meinem Leben, meiner Arbeit, meinen Beziehungen. Es geht um meine tiefste Sehnsucht: mich anzunehmen mit alldem, was ich bis jetzt bin und mit all dem Schwierigen, das mir widerfahren ist im Leben. Denn dieser Abstieg in den tiefen Abgrund, wo ich mir selbst entgleite, birgt in sich eine große Hoffnung, von der auch Pierre Teilhard de Chardin spricht: ›Und als ich meine Forschung einstellen mußte, weil der Weg unter meinen Schritten fehlte, lag zu meinen Füßen ein bodenloser Abgrund, aus dem, ich weiß nicht woher kommend, der Strom heraufkam, den ich wirklich mein Leben zu nennen wage.‹ Diesen Strom will ich neu entdecken und Abschied nehmen von der Illusion, daß nur die guten Gefühle wie Freude, Glück, Frieden mich dahin führen werden. Nur wer sich dem Paradox des Lebens stellt, ist für dich ein echter und kein oberflächlich-schwärmerischer Mensch. Du rufst auf, ›den Frieden im Unfrieden‹ zu suchen, ›Freude in der Trauer, Gelassenheit in Unbeständigkeit und Trost in Bitterkeit‹.« [51]

Tagebuch 24. April

Vor mir breitet sich die Areuse-Schlucht aus. Welch ein Wunder. Ich staune. Mir entfährt ein Ausruf der Verwunderung. Wann habe ich das letzte Mal so staunen können? Mein Staunen kommt aus meinem Grund, meinem bisher verborgenen und jetzt wieder entdeckten Garten. Es kommt aus meiner Tiefe, aus der für mich neues Leben auftaucht. Mein Staunen kommt aus meinem göttlichen Grund, aus dem Gott wie die Morgenröte in mir aufsteigt. Die Morgenröte, die mich bis ans Ende meines Lebens staunen läßt, daß Gott Mensch geworden ist, Gott in mir Wirklichkeit geworden ist.

Laß dich vom Heiligen berühren

Du darfst jetzt erfahren, was es bedeutet, vom Heiligen berührt zu werden, das ganz Andere – Gott – zu erfahren. Der verborgene Garten in dir ist dein göttlicher Grund, auf den du in der Erfahrung deines Nichts gestoßen bist. Was du entdeckt hast und für dich jetzt ›höchst lebendig‹ zum Gefühl geworden ist, ist »das schlechthin und wesentlich Andere und Gegensätzliche zu allem, was ist und gedacht werden kann«[52]. Es mag dir ergehen wie Johannes von Kreuz, der in seinem Geistlichen Gesang berührt vom Heiligen ausruft:

Mein Geliebter, die Berge,
die einsamen, waldigen Täler,
die fremden Inseln,
die wohlklingenden Flüsse,
das Pfeifen der verliebten Lüfte!

Die friedvolle Nacht,
nahe schon dem Morgenrot,
die verschwiegene Musik,
die klingende Einsamkeit,
das Abendmahl, das erquickt und verliebt macht. [53]

Tagebuch 26. April

Ein wunderschöner Sonnenaufgang. Zunächst noch das satte Rot und kurz darauf die helle Sonne. Der Mond, jetzt um die Hälfte abgenommen, im aufkommenden Tageslicht grau wie aus Milchglas. Auch dieser graue Mond kann ein Bild für meine Seele sein. Ein Bild für den verborgenen Garten, Raum in mir, wenn ich diesen Raum in mir als blaß und farblos erlebe – er mir nicht die Geborgenheit, die Buntheit schenkt und vermittelt, nach der ich verlange. Auch das ist eine Wirklichkeit. Nicht weniger als die des angestrahlten Mondes in der Nacht oder die des so nährenden Sonnenaufgangs.

Dann spüre ich die Traurigkeit in mir und lasse sie zu. In der Zuversicht, daß sie mich tiefer führt und mit dazu beiträgt, daß der blasse Mond in mir wieder Farbe bekommt, Wärme ausstrahlt, Hoffnung und Zuversicht. Spätestens, wenn mein Seelenfünklein wieder den Kontakt herstellt zu meiner Sonne, das Göttliche in mir wieder zum Vorschein kommt, in mir auftaucht und aufsteigt. Ich kann das nicht einfach machen. Ich kann es – geduldig – ersehnen. Dabei weiß ich, daß auch in dem blassen Mond, in meiner Traurigkeit, das Göttliche in mir, Gott selbst anwesend ist.

Werde stille

Jetzt ist es an der Zeit, stille zu werden. Es sind nicht die lauten Töne, die Gott liebt. Es ist das Schweigen, das Innehalten, um im Hier und Jetzt Gottes Gegenwart zu erahnen und zu spüren.

Ein spiritueller Mensch ist … für mich ein Mensch,
der alltäglich einübt wahrzunehmen, was ist,
um darin Gottes Spur zu entdecken.
Ich frage mich also nicht vorerst,
was ich noch alles tun müßte, um
liebesfähiger, großzügiger, solidarischer,
einfühlsamer zu werden,
sondern ich werde mich zum Guten verwandeln,
wenn ich lerne anzunehmen, was im Moment ist.
Dazu braucht es Momente des Schweigens,
des Innehaltens, des Spazierens, des Dasitzens.
Denn das Wesentliche ist in mir.
Die Lösung für all meine Fragen ist in mir.
Gott ist in mir,
einzig erfahrbar im H i e r und J e t z t. [54]

Pierre Stutz

Tagebuch 26. April

Ich kann es bedauern, die Begegnung, jenen Austausch nicht wirklich erlebt zu haben, nicht wirklich in diesem Augenblick, in diesen Stunden oder Minuten anwesend gewesen zu sein. Und ich merke, wie ich dazu neige, es bedaure, dieses Gespräch heute zwar genossen und eben doch nicht wirklich genossen zu haben. Nicht wirklich in dem Geschehen und nur in dem Geschehen gewesen zu sein. Einfach nur anwesend zu sein. Diese Zeit als das zu nehmen und zu sehen, was im Augenblick das Wichtigste ist. Doch ein solches Bedauern bringt mich nicht weiter. Also bin ich jetzt anwesend, mit allen Sinnen, nehme diese Minuten, in denen ich hier, jetzt schreibe, ernst, bin ganz da, schaue mich um im Zimmer, registriere, wie ich schreibe. Ich schreibe, schreibe. Und so einfach ist das Leben eigentlich: es ist immer nur der Moment, gerade jetzt.

Sein statt haben

Wenn du Gott in der Tiefe begegnet bist, bewegt dich das, einfach zu *sein*. Du fühlst dich nicht länger getrieben, etwas tun, leisten zu müssen. Einfach zu *sein*, ist dir wichtiger, als etwas zu *haben*.

Pierre Stutz schreibt in einem Brief an Johannes vom Kreuz:

»Du mutest dem Menschen sehr viel zu: Loslösung von falschen Abhängigkeiten – Ausziehen der Kinderschuhe des Glaubens, um auf eigenen Füßen selbst das Wesentliche zu entdecken.

Ich tue mich schwer, zu mir zu stehen, und bin oft in Gefahr, mir etwas vorzumachen. Dein Weg ermutigt mich, meine Allmachtsphantasien loszulassen und mehr zu meinen Grenzen zu stehen. Lange brauchte ich, um dich zu verstehen. Deine Praxis zeigt mir, daß es dir um die Befreiung des Menschen geht; in deinen Vergleichen und Bildern sprichst du klar davon. Wer sein Leben vom Haben leiten läßt, wird nie wirklich er selbst werden können. Auch kleinste, unscheinbare Fixierungen verhindern die Loslösung von eingespielten Mustern: ›Dies erscheint mir so, als wäre ein Vogel mit einem feinen statt mit einem groben Faden angebunden; auch der feine Faden hält ihn so fest wie ein grober, solange er ihn nicht zerreißt, um aufzufliegen. Wohl ist der feine zu zerreißen; doch so leicht es auch ist, zerreißt man ihn nicht, so wird man nicht fliegen.‹« [55]

Tagebuch 27. April

»Schmetterlinge kosten nichts. Ihr Farbenzauber, ihr spielerischer Flug, ihre stumme Anmut sind ein Geschenk der Natur. Auch der reichste Mann vermag die Elfen der Lüfte nicht zu kaufen – höchstens ihre leblose Hülle, eingeglast als Wandschmuck...

Der Zitronenfalter lebt elf Monate, die aber durch Ruhezeit durchbrochen wird. Unter den heimischen Faltern ist er der Methusalem. Diejenigen heimischen Schmetterlinge, die erst im Sommer schlüpfen, werden zwischen drei und fünf Wochen alt. Nur wenige Tage sind dagegen den Holzbohrern beschieden. Sie kommen ohne Rüssel zur Welt, können also keine Nahrung aufnehmen. Die Männchen der Sackspinner leben sogar nur wenige Stunden.« [56]

Heute war wieder ein Tag für die Schmetterlinge. Zwei gelbe Bandeulen tanzten vor mir her, umgarnten sich. Ein Ochsenauge ließ mich ganz nahe an sich herankommen, so daß ich seine Fühler und Beine deutlich erkennen konnte. Dann einige Kohlweißlinge.

»Daß Schmetterlinge auch Laute äußern können, mag man kaum glauben. Aber einige Arten sind tatsächlich dazu imstande. Bei Berührung oder Erregung stößt der Totenkopfschwärmer einen hörbaren Pfeifton aus.« [57]

Verliere dich in Gott

Wenn du dich in Gott hinein verlierst, wirst du entdekken, wer du bist, wirst du zu deiner Identität finden: das ist die Erkenntnis von Thomas Merton und vielen Männern und Frauen, die sich auf den kontemplativen Weg eingelassen haben. Selbst-Verwirklichung als totales Loslassen.

Willst du mit deinem wahren Selbst in Berührung kommen, dein Selbst verwirklichen, scheue dich nicht davor, dich in ein Größeres, als du es bist, in Gott hinein zu verlieren, um dich am Ende auf eine Weise zu erfahren und kennenzulernen, wie du es nie für möglich gehalten hättest.

Tagebuch 28. April

Ich bin der, der ich bin, und ich darf der sein, der ich bin. Und ich soll der sein und ich soll der werden, der ich im Tiefsten bin. Immer mehr. Mit all meinen Ungereimtheiten und Widersprüchen. Mit all meinen Stärken und Schwächen. Mit all meinen Sehnsüchten und meinem Begehren. Meinen Idealen und meinen Trieben. Alles gehört zu mir, und alles soll fruchtbar gemacht werden, damit ich immer mehr der werde, der ich bin.

Zu Grunde gehen heißt für mich: immer mehr zu meinem Grund zu gehen. Radikal. Wirklich zur Wurzel zu gehen. All meine Unsicherheit, all meine Sehnsucht, all meine Zerrissenheit hinströmen lassen zu Dir, mein Gott. Alles zulassen und dann in der Hinwendung zu Dir loslassen. Zu Grunde gehen heißt: mich immer wieder hinwerfen vor Dir, mich Dir ausliefern, ohne Wenn und Aber. Ohne Rückversicherung, ohne Grund, außer dem Grund, der Du selbst bist. Dann löst sich alles in mir auf. Ich bin frei. Ich bin wie eine offene Gebärde, bereit, mit einladenden, ausgestreckten Händen, ungeschminkt, einfach da – für mich, für dich, getragen von dir, Gott. Und was immer geschehen mag, geschieht, darf und soll geschehen, sei es mit mir, sei es ohne mich. Dein Wille geschehe, auf Erden wie im Himmel.

Nimm dich leicht

Ingrid Riedel findet in ihrem Buch *Engel der Wandlung* für den Sinn der Krise ein sehr schönes Bild, das sich auf den ›Engel in uns‹ bezieht:

»›Warum haben die Engel Flügel?‹ läßt Chesterton in einem seiner Romane fragen. ›Weil sie sich leicht nehmen‹, lautet die Antwort.

Eine Krisis … kann eigentlich nur unsere eigene ›Engelhoffnung‹ erleiden, die Hoffnung, auf den werdenden Engel in uns selbst. Sie kann uns heimsuchen, wenn wir vielleicht doch zu geradlinig mit der Entwicklung dieses Engelwesens in uns oder gar unserer ›Engelwerdung‹ gerechnet haben. Wenn wir ein bißchen zu inflationär in unseren Engelvorstellungen geworden sind: Dann mag es sein, daß unser Engelbild … unter seinen Flügeln zusammenklappt oder wie rückwärts vom Stuhl fällt. Es ginge demgegenüber darum, dem gewaltigen Wellengang dieser Hoffnung auf Engelwerdung durch all ihre Hochs und Tiefs hindurch zu folgen… Wenn wir … zur Selbstkritik und Selbstironie bei all unseren engelartigen Flug- und Segelversuchen bereit sind und dennoch die Engelhoffnung immer wieder aufnehmen, wenn sie uns verloren zu gehen droht, dann wird bei uns die ›Krise eines Engels‹ gewiß nicht das letzte Wort haben.« [58]

Tagebuch 30. April

Die Sonne begrüßt mich.
Ich spüre Gott
in meiner Sehnsucht
nach dem kleinen Engel,
den Gott mir geschickt hat,
damit der große,
gefallene
Engel
wieder lernt
zu fliegen

»O, könnt ich fliegen wie Tauben dahin.«

Psalm 55 nach Elgar

10. DU GOTT BIST DER GRUND MEINER HOFFNUNG

Das Wort vom Zur-Tiefe-Gehn,
das wir gelesen haben.
Die Jahre, die Worte, seither.
Wir sind es noch immer.

Weißt du, der Raum ist unendlich,
weißt du, du brauchst nicht zu fliegen,
weißt du, was sich in dein Aug schrieb,
vertieft uns die Tiefe.[59]

Paul Celan

Bleib bei mir Herr

Bist du zu Grunde gegangen, bist du mitten im Leben vom Tode umfangen. Der Tod ist dir näher. Nicht als etwas, das dir notwendigerweise Angst macht. Einfach als Wirklichkeit. Als deine Wirklichkeit. Etwas von dieser Stimmung fängt folgender Text von Theodor Werner ein:

Bleib bei mir Herr, der Abend bricht herein.
Es kommt die Nacht, die Finsternis fällt ein.
Wo fänd ich Trost, wärst du, mein Gott, nicht hier.
Hilf dem, der hilflos ist: Herr bleib bei mir.

Wie bald verebbt der Tag, das Leben weicht,
die Lust verglimmt, der Erdenruhm verbleicht;
umringt von Fall und Wandel leben wir.
Unwandelbar bist du: Herr bleib bei mir!

Von deiner Hand geführt, fürcht ich kein Leid,
kein Unglück, keiner Trübsal Bitterkeit.
Was ist der Tod, bist du mir Schild und Zier?
Den Stachel nimmst du ihm: Herr bleib bei mir!

Halt mir dein Kreuz vor, wenn mein Auge bricht:
im Todesdunkel bleibe du mein Licht.
Es tagt, die Schatten fliehn, ich geh zu dir.
Im Leben und im Tod, Herr bleib bei mir! [60]

Theodor Werner nach dem Hymnus »Abide with me«

Tagebuch 1. Mai

Wenn ich mich Gott nahe fühle, verkleinert sich der Abstand zwischen dem Leben und dem Tod. Der Tod ist dann nicht länger dieser jähe Abbruch oder Absturz. Gott verbindet Leben und Tod. Er ist da im Leben und im Tod. Ob ich lebe oder tot bin, das ist nicht das Entscheidende. Entscheidend ist, daß Gott da ist, Gott anwesend ist. Ich mit Gott in Berührung bin.

»In Wirklichkeit gab es nur eines, vor dem man Angst hatte: das Sichfallenlassen, den Schritt in das Ungewisse hinaus, den kleinen Schritt hinweg über all die Versicherungen, die es gab. Und wer sich einmal, ein einziges Mal hingegeben hatte, wer einmal das große Vertrauen geübt und sich dem Schicksal anvertraut hatte, der war befreit. Er gehorchte nicht mehr den Erdgesetzen, er war in den Weltraum gefallen und schwang im Reigen der Gesetze mit.

Ihrer aller Sehnsucht war nach Tod, war nach Ruhe, ihr Ziel war Gott, war die Wiederkehr zu Gott und das Bleiben in Gott. Dieses Ziel schuf Angst, denn es war ein Irrtum. Es gab kein Bleiben in Gott! Es gab keine Ruhe! Es gab nur das ewige, herrliche, heilige Ausgeatmetwerden und Eingeatmetwerden, Gestaltung und Auflösung, Geburt und Tod, Auszug und Wiederkehr, ohne Pause, ohne Ende. Und darum gab es nur Eine Kunst, nur Eine Lehre, nur Ein Geheimnis: sich fallen lassen, sich nicht gegen Gottes Willen sträuben, sich an nichts klammern, nicht an Gut und Böse. Dann war man erlöst, dann war man frei von Leid, frei von Angst, nur dann.« [61]

Tauche immer wieder in deinen Grund ein

»Theresa von Avila spricht in ihrem Werk *Innere Burg* von der Raupe, die zum Schmetterling wird, als Urwunsch in uns nach Verwandlung. Doch zu meinem großen Erstaunen holt sie mich in meine Realität zurück, wenn sie nüchtern erklärt, daß auch der Schmetterling ›ruhelos‹ umherflattert.« [62]

Pierre Stutz

Bist du einmal zu Grunde gegangen, heißt das nicht, daß du jetzt für immer im Grunde verankert bleibst, für immer den Boden, den Grund unter dir spürst. Bist du zu Grunde gegangen, machst du eine tiefe Erfahrung, die dich für dein weiteres Leben prägt. Doch zugleich werden sich auch immer wieder die alten Kräfte, Strebungen und Begierden melden und versuchen, Einfluß auf dich zu nehmen und dich zu bestimmen. Du wirst auch auf der Hut sein und dafür Sorge tragen müssen, daß sie nicht zu mächtig werden und deine Erfahrung des Zu-Grunde-Gehens aushebeln. Hier kann dir eine spirituelle Praxis helfen, die das fördert und pflegt, was du für sinnvoll, wesentlich und wichtig erachtest. Dazu kann zum Beispiel das regelmäßige Meditieren gehören, durch das du die Erfahrung, die du gemacht hast, als du zu Grunde gegangen bist, für dich lebendig erhalten kannst. Auch kann dir das Meditieren helfen, wenn der Schmetterling in dir wieder einmal ruhelos umherflattert, mit dem Ort in dir in Kontakt zu kommen, der dich trägt und hält.

Tagebuch 7. Mai

Wieder zu Hause. – Überall begegnen mir die Schmetterlinge. Im Garten, im Grünen, auf der Titelseite von Time und Sonntagsblatt. Wieder zurück im Alltag, fällt es schwer, das Lachen der Schmetterlinge zu vernehmen. Um so größer wird die Sehnsucht danach. War alles nur Einbildung? Habe ich mir etwas vorgemacht, als ich meinte, ihr Lachen zu vernehmen? Nein! Es ist etwas geschehen. Es ist etwas Entscheidendes geschehen. Die Verwandlung. Sie hat stattgefunden. Sie kann nicht mehr zurückgenommen werden. Doch sie »beißt« sich im Augenblick noch mit der Wirklichkeit, die nach anderen Gesetzen verläuft. Das ist nur natürlich. Das braucht noch Zeit.

12. Juni

Der Sommer kündigt sich an. Von überall her tauchen jetzt die Schmetterlinge auf. Große und kleine. Weiße und bunte. Ich freue mich immer wieder, sie zu sehen. Sie erinnern mich an meine Sehnsucht, ihr Lachen zu hören. Tief in mir wird die Zeit der Sehnsucht wach, und die Momente erfüllter Sehnsucht melden sich in mir. Die Schmetterlinge rufen mir ganz leise, aber unüberhörbar zu: »*Einfach leben. Heute. Jetzt.* Solange die Sonne über dir scheint. Lebe, liebe«, rufen sie beides hintereinander mir zu. Oder rufen sie nur »lebe!«? Oder nur »liebe!«? – Ich kann es nicht genau verstehen. »Lebe, liebe und alles andere wird für sich selbst sorgen!«

Sei frei wie ein Schmetterling

»Viele Leute beginnen wieder gewahr zu werden, daß der physische Körper nur das Haus, den Tempel oder – wie wir gerne sagen – den Kokon darstellt, den wir nur für eine bestimmte Zeit bewohnen, bis wir uns jener Umwandlung übergeben, die man als den Tod bezeichnet. Und sobald jener Tod eingetreten ist, entschlüpfen wir dem Kokon und bewegen uns frei wie ein Schmetterling.« [63]

Elisabeth Kübler-Ross

»Wenn ich zu erkennen beginne, daß meine wahre Identität nicht Substanz, sondern Prozeß ist, dann stehe ich am Rande einer entsetzlichen Leere und wunderbaren Freiheit.« [64]

James Burgental

Tagebuch 6. August

»Morgenstern der finstren Nacht, der die Welt voll Freude macht, Jesu mein, komm herein, leucht in meines Herzens Schrein.«

Angelus Silesius (1624–1677)

Immer wieder treffe ich auf kleine Schmetterlinge. Sie erinnern mich an meine Sehnsucht, ihr Lachen zu vernehmen. Ich bin soweit entfernt von dieser Sehnsucht. Zugleich spüre ich sie ganz stark in mir.

Du hast dich verändert

Wenn es für dich Zeit ist, die dunkle Nacht zu bestehen und zu Grunde zu gehen, dann mußt du diese durchhalten und durchtragen. Der Gewinn, der dir daraus erwächst, wird groß sein. Du wirst schließlich den Moment erreichen und erfahren, bei dem die Angst, die Unsicherheit, ja die Verzweiflung, die dich in Beschlag hielten, zurücktreten – aufgefangen werden in deiner Tiefe, in die sie dich hineinführten. Auch deshalb ist es wichtig, diese Gefühle zuzulassen, weil sie dich – durch so manch enge und schwer begehbare Stelle – in die Tiefe führen wollen.

»Seht ich mache alles neu«, heißt es im Neuen Testament (Offenbarung 21,5). Wenn du zu Grunde gegangen bist, kommt irgendwann der Augenblick, bei dem du alles neu siehst. Du siehst es mit anderen Augen. Du siehst es mit der Erfahrung dessen, der in die Ewigkeit geschaut hat. Was du siehst, löst in dir das Gefühl aus: es ist gut so. Du magst es hundertmal zuvor gesehen haben – die Häuser und Bäume in der Nachbarschaft, der Himmel darüber – jetzt siehst du es neu. Es hat sich nicht verändert. *Du* hast dich verändert. In dir hat ein Ruck nach unten stattgefunden. In dir ist zusammengewachsen, was zusammengehört, hat sich gefunden und versöhnt, was vorher verstreut war und dich auseinandergerissen hat. Du spürst: In mir gibt es einen verläßlichen Grund, eine Mitte, die mein Wesen ausmacht. Ist dieser Moment erreicht, magst du zunächst erstaunt sein, daß Freude, Ruhe, Gelassenheit sich in dir breitmachen und du Dankbarkeit spürst aus der Tiefe deiner Seele, es noch kaum fassen könnend, was dir geschenkt wurde.

Tagebuch 16. November

Wenn
im Spätherbst
am frühen Morgen
der Vogel singt,
und in dir
das Gefühl
beginnenden Frühlings
auslöst,
hörst du
die Schmetterlinge
lachen.

Überwinde die Angst

Wenn du deinen Grund gefunden hast, bist du nicht vor neuen Krisen gefeit. Auch jetzt wirst du immer wieder Unsicherheit, Dunkelheit, Angst erfahren. Zugleich hast du aber auch eine Erfahrung gemacht, die dir nicht genommen werden kann. Du hast die Erfahrung gemacht inmitten von Angst und Dunkelheit mit etwas, mit *Dem* verbunden zu sein, der größer und stärker ist.

»Die Gnade, die er erlebt, mußte wieder strahlen und weiter wirken. Bibelsprüche kamen ihm in den Sinn, und alles, was er von begnadeten Frommen und Heiligen wußte. So hatte es immer begonnen, bei allen. Sie waren denselben harten und finsteren Weg geführt worden wie er, feig und voll Angst, bis zur Stunde der Umkehr und Erleuchtung. ›In der Welt habt ihr Angst‹, hatte Jesus gesagt. Wer aber die Angst überwunden hatte, der lebte nicht mehr in der Welt, sondern in Gott, in der Ewigkeit.« [65]

Hermann Hesse

Tagebuch Nach einem Jahr

Karfreitag. In aller Frühe besteige ich den Stationsberg. Es ist noch dunkel. Oben angekommen ragen die drei Kreuze, umgeben von kahlen Bäumen, in die Höhe. Das einzige Licht, klar wie eine Sonne in der Nacht, kommt vom Vollmond.

der wird bei Mondschein, ungestört von furcht,
die Nacht entdecken.

Es ist so einfach und doch kann es fast ein ganzes Leben dauern. Dann aber ist es klar, nicht zuerst im Kopf, sondern im Innersten: es ist einfach nur die Nacht. Die Nacht draußen und die Nacht in dir. In diesem Augenblick fällt alle Angst von dir, die für die Nacht stand. Sie macht keinen Sinn mehr. Sie hat ihre Macht verloren. Die Angst ist übergegangen in die Nacht, die erhellt wird von dem Licht, das in dir brennt. Die Sterne, der Mond, das Licht in dir – sie verdanken ihr Leuchten und Scheinen der Nacht, der Dunkelheit. Du beginnst die Nacht zu lieben, darfst sie als Geborgenheit und Wärme schenkend, als geheimnisvoll und numinos, als heilig und heilend erfahren.

Nachwort

Die Tagebucheintragungen, die du, liebe Leserin, lieber Leser, hier gelesen hat, liegen inzwischen schon wieder einige Monate zurück. Es vergeht kaum ein Tag, an dem ich nicht in irgendeiner Weise an die darin beschriebene Zeit erinnert werde. Auch habe ich seitdem immer wieder gespürt, wie in mir ein reges Treiben vonstatten ging und bis heute geht. Wie bei einem Umbau oder Neubau. Dabei habe ich weiter zunehmend Kontakt zu meinem Grund bekommen, bis dahin, daß ich meinen Grund immer mehr als die tragende Basis meines Lebens erfahre.

In ganz unterschiedlichen Situationen spreche ich betend in mich hinein: »Du Gott, bist der Grund meines Lebens. Du lebst als tiefes Geheimnis in mir.« Ich gehe regelmäßig zum Meditieren mit einer Gruppe. Am Morgen schreibe ich meine Träume auf und versuche dabei, mit meinem Grund in Berührung zu kommen. Dann stärke ich mich für den Tag mit einem Zitat – zum Beispiel von Thomas Merton. Oder ich werfe einen kurzen Blick auf die Ikone, die mir vor vielen Jahren ein Freund gemalt hat. Dieser Blick erinnert mich an meine Verbundenheit mit Jesus. Am Mittag gehe ich, wenn es mir zeitlich möglich ist, zum Mittagsgebet der Benediktiner. Wenn ich die zärtliche Melodie des Zwischengesangs singe, fühle ich mich mit meinem Grund und Gott eng verbunden. Aus meinem Grund heraus kann ich meiner Sehnsucht nach Gott Ausdruck verleihen, wenn es da heißt: »Neige mein Herz zu deinen Geboten, dein Gesetz, o Herr, will ich befolgen. Ich höre auf dein Wort, deine Weisung macht mich froh.« [66] Ich schließe dabei die Augen und überlasse mich ganz meinem Grund – Gott. Am Abend, bevor ich das Licht auslösche, berühre ich kurz meine kleine Buddha-Statue, die mich an meine Buddha-Natur erinnert.

Die Erfahrungen der vergangenen zwei Jahre haben mir einen neuen, vielleicht sogar erstmaligen Zugang zum Buddhismus ermöglicht. Ich entdecke in ihm so manches, was ich bisher in meinem Glauben vermißte. Ich spüre, daß von ihm her eine Bereicherung meines christlichen Glaubens und das, was er für mich und mein Leben bedeutet, geschehen kann. An meine Buddha-Natur erinnert zu werden, heißt für mich unter anderem, an meine Tiefe, an meinen Grund erinnert zu werden, in denen sich Gegenwart und Ewigkeit begegnen. Ich merke dabei, daß ich mich auf meinen Grund verlassen kann, er sich in meinem Alltag, in meinem augenblicklichen Leben und als Verbindungsbrücke zum Ewigen bewährt. Meinen Grund so erfahren zu dürfen, erfüllt mich mit großer Dankbarkeit und stillem Glück. Vergesse ich doch nie, daß der Weg bis dahin hart, manchmal schrecklich und kaum auszuhalten war. Doch es lohnt, diesen Weg zu gehen.

Es ist der Weg, der es mir ermöglichte, Gott in einer Tiefe zu erfahren, wie es mir bis dahin nicht möglich war. – »Ein begriffener Gott ist kein Gott«, sagt der Mystiker Tersteegen. Wenn ich zu Grunde gehe, wenn ich hinabsteige in meinen Seelengrund, kann ich Gott aber *erfahren*.

Vor einiger Zeit bin ich einem Mann begegnet, der einige akademische Titel nachweisen kann. Ein faszinierender Mann, der sich unter anderem mit Nietzsche und Heraklit auseinandergesetzt hat. Ich habe ihm fast nur zugehört. Ich fühlte mich ihm gegenüber auf der Wissensebene total unterlegen. Ich sagte ihm – in einem der wenigen Momente, in denen ich sprach –, daß für mich die *Erfahrung* wichtig und entscheidend sei. Er meinte daraufhin, auch die eigene Erfahrung müsse man hinterfragen, worin ich ihm auch zustimmte. Den Theologen hielt er vor, die Gotteszweifel eines Nietzsche letztlich nicht zuzulassen, auszuhalten und durchzustehen. Ich war geneigt, ihn zu fragen, ob *er* das denn getan habe. Ihm gegenüber etwas von Seinsgrund, ja Seelengrund, vom zu Grunde gehen zu erwähnen, erschien mir sinnlos zu sein. Mir wurde zunehmend deutlich, daß eine solche Vorstellung bei ihm auf keinen Resonanzboden treffen würde.

Für mich ist es wichtig, meinen Gesprächspartner so anzunehmen, wie er ist. Ich empfinde ihm gegenüber einen großen Respekt. Zugleich ist es aber für mich wichtig, zu *meiner* Erfahrung zu stehen. Ich verbinde mit Worten wie ›Seinsgrund‹, ›Seelengrund‹, ›zu Grunde gehen‹ eine tiefe Erfahrung. Ich bin dadurch nicht besser, aber auch nicht schlechter als mein Gespächspartner. Ich weiß und ich habe *erfahren*, was es heißt, die dunkle Nacht, das Gefühl von Gott verlassen zu sein, auszuhalten. Ich kann diese Erfahrung nicht einfach auf die Seite schieben. Für mich ist sie eine Wahrheit. Auch habe ich erfahren, wie das ist, wenn die Dunkelheit weicht und Gott in Gestalt der Morgenröte in mir aufsteigt. Das sind Erfahrungen, die zu den schmerzvollsten und schönsten Erfahrungen meines Lebens zählen.

Erfahrungen, die mir kostbarer und wichtiger sind als alles *Wissen* über Gott. Diese Erfahrungen haben etwas mit mir gemacht. Sie haben mich und mein Leben entscheidend geprägt und prägen es immer noch. Sie haben mitten in mir und mitten in mich hinein gewirkt. Ich kann gar nicht anders, als ihnen zu trauen.

Anmerkungen

1 wer schmetterlinge lachen hört: Lied der Musikgruppe Novalis auf der LP „Novalis" (Brain 1070/Metronome) von 1974, Text von Carlo Karges, Musik Lutz Rahn, hier: erste und letzte Strophe.

2 Der Weg der Meister, ausgewählt und zum Teil aus den Quellen neu übertragen von Pater Ermin Döll, Meditationshaus St. Franziskus, Dietfurt 1984, S. 170.

3 Carl Gustav Jung: Der Mensch und seine Symbole, Zürich 1968, S. 7.

4 Der Weg der Meister, S. 265.

5 Teilhard de Chardin: Das göttliche Milieu. Ein Entwurf des innern Lebens, Düsseldorf 2000, S. 71f.

6 Romano Guardini: Der Raum der Meditation, Mainz 1980, S. 13ff.

7 Viktor von Gebsattel: Krisen in der Psychotherapie, in: Jahrbuch für Psychologie und Psychotherapie 1, Würzburg 1952.

8 Iris Murdoch: Henry and Cato, London 1987, zitiert in Henri M. Nouwen: Nachts bricht der Tag an, Freiburg, 4. Auflage 1999, S. 267.

9 Der Weg der Meister, S. 100.

10 Der Weg der Meister, S. 265.

11 Der Weg der Meister, S. 70.

12 Der Weg der Meister, S. 25.

13 Hans Urs von Balthasar im Vorwort zu Johannes vom Kreuz: Die dunkle Nacht und die Gedichte, Einsiedeln, Freiburg, 4. Auflage 1992, S. 9f.

14 Rainer Maria Rilke: Briefe an einen jungen Dichter, Leipzig 1929, S. 19.

15 Die dunkle Nacht, S. 165.

16 Vgl. Gesang in der benediktinischen Mittagshore: Benediktinisches Antiphonale, Band II: Mittagshore, Vier-Türme-Verlag, Münsterschwarzach 1996, S. 73.

17 Die dunkle Nacht, S. 165f.

18 Nikos Kazantzakis Rechenschaft vor El Greco, ungekürzte Ausgabe, 3. Auflage, Berlin 1995.

[19] Hans Jellouschek: Krise als spirituelle Erfahrung. Vortrag, gehalten am Hospitalhof in Stuttgart, o. J.

[20] Henry David Thoreau: Aus den Tagebüchern 1837-1861, hrsg. v. Susanne Schaup, Oelde 1996, S. 127.

[21] Jellouschek, a.a.O.

[22] Der Weg der Meister, S. 166.

[23] Pierre Stutz: Du hast mir Raum geschaffen. Psalmengebete, München 1996, S. 35.

[24] Pierre Stutz: Ein Stück Himmel im Alltag, Freiburg, 4. Auflage 2001, S. 22.

[25] Pierre Stutz in: Pierre Stutz/Andreas Benjamin Kilcher: Vom Unbegreiflichen ergriffen. Mystische Lebenserfahrungen, Luzern, Stuttgart 1993, S. 50.

[26] Jellouschek, a.a.O.

[27] Der Weg der Meister, S. 225.

[28] Jellouschek, a.a.O.

[29] Thoreau, a.a.O., S. 147.

[30] Der Weg der Meister, S. 22.

[31] Henri M. Nouwen: Die innere Stimme der Liebe. Aus der Tiefe der Angst zu neuem Vertrauen, Freiburg, 17. Auflage 2001, S. 119.

[32] Elisabeth Kübler-Ross: Soul Gifts in Disguise, in: Richard Calson and Benjamin Shield: Handbook for the Soul, Boston 1996, S. 132f., Zitat übersetzt von Wunibald Müller.

[33] Rilke, a.a.O., S. 43.

[34] Pierre Stutz: Ein Stück Himmel im Alltag, S. 20.

[35] Henri M. Nouwen: Nachts bricht der Tag an, Freiburg, 4. Auflage 1999, S. 267f.

[36] Henri M. Nouwen: Die innere Stimme der Liebe, S. 27.

[37] Johannes Tauler: Predigten, Freiburg 1961.

[38] Die dunkle Nacht, S. 185.

[39] Die dunkle Nacht, S. 185.

[40] Hermann Hesse: Weg nach innen, Suhrkamp Verlag, Frankfurt 1973, S. 54.

[41] Rilke, a.a.O., S. 43.

[42] Walter Schubart: Religion und Eros, München 1989, S. 17.

[43] Joyce Rupp: Dear Heart, come Home, New York 1996, S 140. Frei übersetzt von Wunibald Müller.

[44] Romano Guardini: Vom Sinn der Schwermut, Mainz 1999, S. 24f.

[45] Novalis: Über die Liebe, ausgewählt von Gerhardt Schulz, Frankfurt a. M. 2001, S. 146.

[46] Thoreau, a.a.O., S. 155.

[47] Der Weg der Meister, S 167.

[48] Thoreau, a.a.O., S. 253.

[49] Der Weg der Meister, S. 182.

[50] Der Weg der Meister, S. 179.

[51] Pierre Stutz 1993, S. 49.

[52] Rudolf Otto: Das Heilige, Stuttgart 1942, S. 31.

[53] Die dunkle Nacht, S. 173f.

[54] Ein Stück Himmel im Alltag, S. 31.

[55] Pierre Stutz: Licht in dunkelster Nacht. Vier Briefe an bekannte Mystiker, Münsterschwarzach, 2. Auflage 2001, S. 104f.

[56] Hannelore Kurth-Gilsenbach: Schmetterlinge. Was ist Was? Band 43, Nürnberg 1994, S. 21.

[57] Ebd., S. 39f.

[58] Ingrid Riedel: Engel der Wandlung, Freiburg, 5. Auflage 2002, S. 101.

[59] Paul Celan: Das Wort vom Zur-Tiefe-Gehn, in: Gedichte in zwei Bänden. Erster Band, Suhrkamp Verlag, 10. Auflage, Frankfurt a.M. 1991, S.212.

[60] In: Evangelisches Gesangbuch für Bayern, hrsg. vom ev. Presseverband für Bayern, München 1999, S. 488.

[61] Hesse, a.a.O., S. 196 f.

[62] Pierre Stutz: Alltagsrituale. Wege zur inneren Quelle, München 1999, S. 15.

[63] Elisabeth Kubler-Ross: Jedes Ende ist ein strahlender Beginn, hrsg. v. Gottfried Siebel, Neuwied.

[64] In: Pierre Stutz: Ein Stück Himmel im Alltag, S. 103.

[65] Hesse, a.a.O., S, 158.

[66] Bendediktinisches Antiphonale, Band II, S. 96.

Quellennachweis

Die Quellennachweise wurden nach bestem Wissen und Gewissen erstellt. Sollten trotzdem Urheberrechte übersehen worden sein, geschah dies ohne Absicht. Der Verlag ist selbstverständlich zu einer Nachhonorierung bereit. Der Quellenvermerk in der zweiten Auflage wird dann entsprechend ergänzt werden.
Wir danken den Verlagen und der Band *Novalis* für die freundliche Genehmigung des Abdrucks aus folgenden Werken:

Celan, Paul: Die Niemandsrose. © S. Fischer Verlag GmbH, Frankfurt am Main, 1963.

Der Weg der Meister, ausgewählt und zum Teil aus den Quellen neu übertragen von Pater Ermin Döll. © Meditationshaus St. Franziskus, Dietfurt 1984.

Hesse, Hermann: Weg nach innen. © Suhrkamp Verlag, Frankfurt am Main 1973.

Johannes vom Kreuz: Die dunkle Nacht und die Gedichte. © Johannes Verlag Einsiedeln, Freiburg, 4. Auflage 1992.

Kurth-Gilsenbach, Hannelore: Schmetterlinge. Was ist Was? Band 43. © Tessloff Verlag, Nürnberg 1994.

Nouwen, Henri M.: Die innere Stimme der Liebe. Aus der Tiefe der Angst zu neuem Vertrauen. © Verlag Herder, Freiburg, 7. Auflage 2001.

Nouwen, Henri M.: Nachts bricht der Tag an. © Verlag Herder, Freiburg, 4. Auflage 1999.

Novalis (Musikgruppe) ©: wer schmetterlinge lachen hört, Lied auf der LP *Novalis* (Brain 1070/Metronome) von 1974, Text von Carlo Karges.

Riedel, Ingrid: Engel der Wandlung. © Verlag Herder, Freiburg, 5. Auflage 2002.

Stutz, Pierre: Du hast mir Raum geschaffen. Psalmengebete. © Claudius Verlag, München 1996,

Stutz, Pierre: Ein Stück Himmel im Alltag. © Verlag Herder, Freiburg, 4. Auflage 2001.

Tauler, Johannes: Predigten. © Verlag Herder, Freiburg 1961.

Teilhard de Chardin: Das göttliche Milieu. Ein Entwurf des inneren Lebens. © 1962 Patmos Verlag GmbH & Co KG, Düsseldorf Walter Verlag, Düsseldorf und Zürich.

Thoreau, Henry David: Aus den Tagebüchern 1837-1861, hrsg. v. Susanne Schaup. © Tewes Verlag, Oelde 1996.